転換する戦時暴力の記憶

戦後ドイツと〈想起の政治学〉

転換する
戦時暴力の記憶

戦後ドイツと〈想起の政治学〉

高橋秀寿
Hidetoshi TAKAHASHI

岩 波 書 店

目次

序章　なぜ戦時暴力は記憶されつづけるのか？

1　問題の所在――「神話的暴力」

二〇世紀を最初の四分の一だけ体験したV・レーニンは、その世紀が「戦争と革命の世紀」となることを予言したが、その世紀を四分の三まで生き、彼の予言が的中したことを認めたH・アーレントは、暴力を戦争や革命の「公分母」であるとみなして、二〇世紀を「暴力の世紀」とよんだ。(1) 彼女が没後に残した二〇世紀の最後の四半世紀も知っている私たちは、「暴力の世紀」という彼女の命名が適切であったことを改めて確認することができよう。凄惨な暴力にまみれたこの二〇世紀は次世紀にその暴力の記憶を残したが、その記憶をゆだねられた二一世紀は、乗っ取られた旅客機が破壊を目的にして巨大なビルに突入するというセンセーショナルな暴力の洗礼を出端に受けてしまった。そして、この暴力の連鎖はいまなお断たれてはいない。「我々は今、混迷極まる暴力の時代に生きている」(2) と、J・ダワーは二〇一七年の著作の第1章を書き始めている。現在(二〇二四年)のウクライナとガザの惨状は、我々がそのような時代に生きていることを実証しているといえよう。

一方で、二〇世紀に行使された「暴力」はいまなお盛んに想起され、時には外交問題となって国際対立さえもたらしている。たとえば、日本大使館や日本総領事館などの前に建てられた従軍慰安婦像や徴用工への賠償問題をめぐって、日韓政府間だけではなく、メディアやネット上でも激しい対立がつづき、日韓関係は冷めきった。この問題が激しくなりつつあるころ日本では、空襲で片腕を失った若い女性を描いた連載マンガ『この世界の片隅に』(こうの史代作)が単行本としてミリオン・セラーの道を歩んでいた。このマンガは二〇一一年にテレビ・ドラマ化されたのちに、一六年にはアニメとして映画化されたが、この映画はロングランを達成しただけではなく、日本アカデミー賞最優秀アニメーション作品賞をはじめとして数々の賞を受賞し、多くの国ぐにでも公開されて高い評価を受けた。一八年夏(七月一五日~九月一六日)にもＴＢＳが『日曜劇場』の枠でこの作品を九回のシリーズでドラマ化している。

もちろん以前にも戦時暴力は慰霊祭、小説、映画、ドラマなどを通して公的に絶えず想起されつづけてきたが、体験者であれば個人的には忘れてしまいたいと思うようなこの「暴力」は、なぜいまなお記憶されつづけるのであろうか。しかも現在ではなぜ、若い女性が受けた暴力が公的な記憶の前面に押し出されているのであろうか。暴力の記憶をテーマとする本書は、この「なぜ」を解き明かすことをめざしていく。

本書の分析対象は戦後ドイツである。ナチスが支配する第三帝国、とくに第二次世界大戦において国内外で行使された暴力が戦後ドイツにおいてどのように公的に記憶され、その記憶はどのように変化したのか、その歴史的過程を追う。そして、その変化の原因を分析することによって、本書はこの「なぜ」にアプローチし、〈想起の政治学〉を提起することを目的とする。

戦後ドイツにおいてこのような暴力はさまざまな媒体を通して公的に記憶されつづけることになったが、その記憶のあり方は一様ではない。東西ドイツにおいて大きく異なっていただけではなく、時代によってもこの記憶の濃淡は変化していった。また、想起された暴力の時期も均一ではなく、戦争末期に著しく傾いている。その点で、空襲や原爆投下といった戦争末期の出来事が濃厚に記憶されている日本と非常に類似している。なぜだろうか？

戦争と革命の「公分母」として暴力を理解したアーレントの議論にその疑問を解くヒントが隠されているように思われる。『革命について』のなかでアーレントは、「暴力の支配ということを無視しては革命も戦争も考えることさえできない」という意味で「戦争と革命」を特別視したが、それはこの暴力支配を通して戦争と革命は「はじまり」を生み出したからだという。「暴力ははじまりであった。暴力を犯さないでは、はじまりはありえなかった」（傍点は原文）。その暴力との密接な結びつきは、カインがアベルを、ロムルスがレムスを殺したように、「人間の歴史の伝説的なはじまりによって裏づけられている」[3]。すなわち、暴力が想起された時期が戦争末期に集中しているのは、その暴力が戦後の体制の「はじまり」を生み出したからであり、それゆえにその記憶は戦後期にくり返し呼び覚まされ、「伝説」としての機能を帯びたといえよう。

以上の問題を考える手がかりをつかむために、戦後たびたび映画やマンガなどのポピュラー・カルチャーによって取り上げられてきた「原爆」の記憶を題材にして考察してみよう。この究極的な戦争暴力において「はじまり」の暴力が「伝説」としてどのように物語られてきたのか、検証してみたいからである。まず取り上げるのは前述のこうの史代のマンガ『この世界の片隅に』である。

このマンガの主人公は浦野すず。広島市に生まれ、一九四三年に突然の縁談で、恋愛を経ることなく呉市の北条家に嫁ぎ、夫、その両親、夫の死後離縁して実家に戻った義姉、その幼い娘である姪とともに生活することになる。物資が不足し、空襲が激しくなっていくなか、すずは北条家の嫁としての役割をこなしていくが、空襲で投下された時限爆弾によって姪の命とともに、その手をつないでいた右手を失ってしまう。四五年八月六日の朝をすずは呉市で迎え、そこで原爆の閃光を、その一分後に地響きを体感し、山の向こうから立ち上る巨大な「雲」を見上げることになる。「玉音放送」も北条家で聞いたすずは、父母が原爆の犠牲となり、妹が原爆症に病んでいることをのちに知る。広島ですがりついてきた孤児を引き取ることにしたすずが、戦後を生きていく「居場所」として北条家を選択することを心に決めてこの物語は終わる。

図表 0-1

図表 0-2

絵を描くこと以外に特別のとりえもなく、際立った個性もないすずは、そのキャラクターとは似つかわしくない「暴力」という言葉を二つの場面で心のなかで発している。一度目(図表0-1)は、原爆で広島市から吹き飛ばされた障子戸が引っかかったユーカリの木にすずが梯子で上った場面においてである。空襲警報の鳴るなか上空高く飛び去っていくB29爆撃機をそこから見上げながら、すずは「そんとな暴力に屈するもんかね」とつぶやく。二度目(図表0-2)は玉音放送を聞いたのちのことである。敗戦を仕方のないこととして受け止めようとする周りの人たちに対して、「最後のひとりまで戦うんじゃなかったんかね？ いまここへまだ五人も居るのに！ まだ左手も両足も残っとるのに!! うちはこんなん納得出来ん!!!」と叫んで外に出たすずは、朝鮮人たちが掲げた太極旗を目にし、「暴力で従えとったいう事か／じゃけえ暴力に屈するいう事かね／それがこの国の正体かね／うちも知らんまま死にたかったなあ……」と呻いて、大粒の涙を流す。

数十キロも吹き飛ばされた障子戸という原爆の威力を示す証拠を前に語られた第一の場面において、原爆を含むアメリカ軍の暴力は、敵国がすずたち日本人を屈服させ、従わせるために行使されている「不当」な暴力であり、この不当性のゆえに敵国と戦う意味も正当化されている。この暴力に対して暴力で立ち向かう兵力になれないすずは、「うちは強うなりたい／優しうなりたいよ／この町の人みたいに」と独白することで戦時体制に能動的に順応して、この暴力と戦う意志を示す。そして、この戦いによって姪と自らの右手を失ったことも、兄の戦死にも「意味」が生じることになる。

終戦の日での第二の場面では、すずが順応していた戦時体制が植民地の人民に対してコロニアルな暴力をふるっていたことが暗示されている。しかし突然あらわれる「太極旗」はそれまでの物語の脈絡とはうまく適合していないため、ここでの暴力の意味は第一の場面の場合ほどは明確ではない。一方、アニメ版『この世界の片隅に』ではマンガ版よりもこの時のすずの心情がもっと明確に表現されている。

「飛び去ってゆく／うちらのこれまでが／それでいいと思ってきたものが／だから我慢しようと思ってきたその理由が／ああ、海の向こうから来たおコメ、大豆／そんなもんで出来とるんじゃなうちは／じゃけえ暴力にも屈せんとならんのかね／何も考えん、ぼーっとしたうちのまま死にたかったなぁ」(4)。

マンガ版とアニメ版からたしかに言えることは、この敗戦の場面ですずは「この国の正体」を暴力として認識したことである。こうして敵国の「不当」な暴力と戦っていた正当性も、姪や兄などの命や自分の右手が奪われたことの理由と意味も失われてしまい、すずは「この国の正体」を知らずに死にたかったと号泣する。それは同時に、不当であると思われていた敵国の暴力を受け入れ、それに屈しなければならないことを知った悲憤の涙でもある。

この暴力の多義的な意味を考えるために、W・ベンヤミンの暴力批判論を確認しておきたい。法との関係で暴力批判を展開しようとするベンヤミンは「正しい目的は適法の手段によって達成されうるし、適法の手段は正しい目的に向けて適用されうる」というドグマを問題にする。前者では目的の正しさによって手段が正当化され、後者では手段の適法性によって目的の正しさが保証される。したがって、前者では目的の正しさが認められれば、手段としてどんな暴力も許されることになり、後者では目的の是非は問われることなく、手段としてそのつど行使される暴力の可否だけが法に照らして問題とされる。こうして暴力そのものはこのドグマにおいて根本的に問われることはないのだという[5]。これに対してベンヤミンは「法(Recht)」の根源に暴力を見出した。つまり、手段の適法性について決定を下すのは「運命の冠をかぶった暴力」であって、この暴力によって法は措定され、維持される。「法秩序のなかに現出するときの最高の形態である生死を左右する」暴力のなかに「法の根源は代表的に実体化され、恐るべき姿で立ちあらわれてくる」のだという[6]。この暴力は法を実行するための手段ではなく、法を打ち立てていることの宣言であって、この宣言のもっとも含蓄あるものは神話に見られるため、ベンヤミンはこれを「神話的(mythisch)暴力」と名づけた。一方で、彼はこの「神話的暴力に停止を命じることができる穢れなき直接的暴力」として「神的(göttlich)暴力」を対峙させ、それぞれの特質を次のように並置している。

「神話的暴力が法を措定すれば、神的暴力は法を破壊する。前者が境界線を設定すれば、後者はこの境界線をとことん廃絶する。神話的暴力は罪を負わせると同時に贖罪させる一方で、神的暴力は罪を浄める。前者は威嚇するが、後者は打ち倒す。神話的暴力は血まみれであるが、神的暴力は血を流すことなく致命的なのだ。〔……〕神話的暴力は剝き出しの生に対する、暴力それ自体のための、血の暴力であり、神的暴力は生あるもののために、すべての生に対して行使される穢れなき暴力である。神話的暴力は犠牲を要求し、神的暴力は犠牲を受け入れる[7]」。

このようにベンヤミンの暴力批判論を確認したのは、以下のような仮説を提示したいからである。つまり、すずが感じとり、実際に受けた暴力、原爆という究極的な暴力とはまさにアーレントのいう「はじまり」をもたらした暴力、つまり、戦後の法を措定した「神話的暴力」と解釈できないだろうか。そして、原爆体験が戦後日本でくり返し公的に記憶されていったように、第三帝国における暴力体験も戦後ドイツにおいて公的に想起されつづけたのは、それが戦後の法秩序を決定づける「神話的暴力」であったからではないだろうか。

もちろんこのような仮説のためにここで適用されている「神話的暴力」および「神的暴力」の概念は、ベンヤミンの議論のかなり恣意的な解釈にもとづいていることは重々自覚している。しかし概念解釈の妥当性ではなく、仮説を論証するための有益性を判断基準に据えることとして、もう少し法と暴力の関係をこの仮説にしたがって考察してみよう。

2　法と体制

「はじまり」の暴力によって措定された「法(Recht)」は、車両の左側通行といった道路交通法に規定されているような個々の法令やその総称と同一ではない。英語の law はドイツ語では Recht と Gesetz の二つの概念で表現されており、独語辞典の『ドゥーデン』によれば、Recht は「国家によって確定、あるいは承認された人的な、とくに社会的な行動の規範の全体。Gesetz とそれに類似した規範の全体」、Gesetz は「国家から確定され、Recht によって拘束された規則」を意味する。換言すれば、「法」としての Recht とは、それに基づき、拘束されて制定された個々の「法令」である Gesetz の規範的体系であるといえよう。したがって前者の「法」は広く合意されていれば不文律でも存在しうることになる。また、Recht には英語で「権利」や「正義・公正」を意味する right の語義も内包されている[8]。法学者のG・ラートブルッフは前者の「法」を「法令の上に立つ法(übergesetzliches Recht)」と定義することで、両者の関係を言い表している。

「はじまり」の暴力は「法令の上に立つ法」を措定し、この「法(Recht)」にもとづいて個々の「法令(Gesetz)」が制定され、その合法／不法性が判断される。「法」によって合法とみなされた限りで

「法令」に従うことが正当化され、不法とみなされればその法令は廃止される。「法」の正当性が疑われ、あるいは拒否される場合には、それに基づく「法令」の合法性も疑われ、拒否されることになる。しかし、「法」はその「上に立つ法」をもっていないために、「法」自体の合法／不法性を判断する基準をもっておらず、「法」に従う正当性の超越的な根拠を内在していない。法の対象となる公権力に服する住民の絶対的な多数が合意し、あるいは少なくとも服する場合に「法」は機能するが、そうでない場合には「法令」に従う意志をもたない集団を法の共同体は抱えることになる。その場合に行使されるのが「暴力」である。個々の「法令」に対する違反行為には死刑や懲役刑の「暴力」および罰金刑などの代替的な暴力がそのつど加えられることで、「法」は維持される。これがベンヤミンの言う「法を維持する暴力」(＝維持暴力)であり、「法」が生み出される「はじまり」において「法」の正当性を疑い、拒否するものに加えられるのが「法を措定する暴力」(＝措定暴力)としての「神話的暴力」である。「法」の外部から行使されたこの暴力が「法」の合法性を根拠づけ、「法令」に従う正当性を保証することになる。

たとえば、日本では終戦後に平和主義や民主主義などを主柱とする「法」が措定されたが、この「法」は措定された時点で日本国民のすべてから合意されていたわけではない。この「法」の措定には原爆を含むアメリカからの戦争暴力と米軍による占領という「神話的暴力」が前提とされている。「押しつけ憲法」論はこのことを論拠にしているわけだが、戦後ドイツも連合軍の軍事暴力と占領軍の分割統治という「神話的暴力」によって「法」を「押しつけ」られた。ナチス統治下で総統の死にいたるまで戦い続けたドイツ国民の少なくとも過半数は、東西に分裂したそれぞれの「法」を合意して受け入れていたわけではないからである。西ドイツの場合、反ナチ・反共産主義の反全体主義が「法」として措定されたが、この時点でこの国家の国民の大半はナチ政権に順応していた過去を持っており、その後もナチ期を「いい時代」として記憶していたのである。そもそも、かつての「法」が廃棄され、新たな「法」が措定される「はじまり」の大半は暴力的な革命と戦争の結果として生じている——たとえばフランスでは、フランス革命、ナポレオンのクーデター、ナポレオン戦争の敗北、七月革命、二月革命、普仏戦争の敗北、ナチス・ドイツの占領、ドイツ支配からの軍事的解放——のであり、その意味で「法」はこれらの「神話的暴力」の「押しつけ」によって制定されていることがむしろ通常であると言えよう。

「神話的暴力」が振るわれて「法」が措定される「はじまり」には「法秩序」が転換されるが、一般的にこれは「体制転換」の概念で言い表されている。「体制」は非常に多義的な概念であるが、狭義では「レジーム」、広義では「システム」の意味において用いられ、独語辞典の『ドゥーデン』によれば、Regime は「特定の政治システムに適合し、それによって造形された統治(Regierung)、支配(Herrschaft)と統治の形態」、System は「国家・経済・社会組織の形態、統治形態、レジーム」を意味する。またドイツ語には「体制」を意味する用語として Verfassung 概念が存在する。これは『ドゥーデン』では「国家の形態とその市民の権利と義務を確定する諸原則の総体」と説明され、憲法(Konstitution)概念が併記されている。この概念は国家の政治領域だけではなく、憲法という——ナチ期のようにそれが明文化されているかを問わずに――国家の政治・経済・社会の領域を包括‐体系的に「法令の上に立つ法」によって統括する総体として「体制」をあらわしているといえよう。このようにSystemおよびVerfassungの意味で「体制」を理解し、近代において「法」の大半は国民国家の枠組みで措定されることを前提にするならば、私たちは「体制」を「法令の上に立つ法」のナショナルな統括的総体であるとして理解し、その変化を体制の転換・確立・変容の問題として分析することができよう。

3 暴力の表象とその変化――原爆暴力を事例に

日本では第二次世界大戦の敗北と占領によって新たな憲法が「法令の上に立つ法」として制定され、その意味で「戦後体制」へと「体制転換」が行われたのだが、この転換において振るわれた原爆暴力の表象の変遷を事例にして、記憶と体制の関係を考察してみよう。

女としての身体と「ぼーっと」した精神の持ち主であるすずのキャラクターは、暴力に対してつねに受動的である。この物語は占領期で終わるが、「原爆」という「神話的暴力」が措定し、維持していく法秩序である戦後体制に対して彼女が「神的暴力」を行使する姿は作者も読者・視聴者も想像しにくい。すずは暴力の犠牲者であるにもかかわらず、この暴力によって措定された戦後体制に順応しながら生きていくことになるだろう。もちろんこのこと自体に『この世界の片隅に』の独自性があるわけではなく、「神話的暴力」によって措定された体制を原爆被害者が受容していく物語は遅くとも一九五〇年代以降には頻繁に見られる。その典型的な事例として、自らが被爆者である田坂具隆が監督して五二年に公開された映画『長崎の歌は忘れじ』を紹介してみよう。

　陶器のバイヤーとして長崎を訪れていたアメリカ人のヘンリーは、原爆で両親を失ったために陶芸家の叔父の家に身を寄せる姉妹と知り合う。姉の綾子はアメリカで捕虜となった夫の帰りを待つ琴の演奏家であるが、原爆によって失明したため、アメリカ人という理由だけでヘンリーを憎悪し、受け入れようとはしない。妹の桃子はそのような姉を物心両面から献身的に支えていた。音楽家であったヘンリーは兵役中に、病死を覚悟した日本人捕虜から美しい旋律をもつ未完成の琴協奏曲の完成を依頼されており、彼の家族を探し出すことが訪日の本来の目的であった。この日本人捕虜は偽名を使っていたために、家族探しは頓挫しかけたが、綾子が帰りを待ちわびる夫がその捕虜であったことがたまたま判明する。こうして綾子は夫の死を知り、生きる気力を失った。しかしヘンリーが完成させ、教会で演奏した夫の音楽を聴いて気力を取り戻し、ヘンリーと和解する（図表０－３）。ヘンリーが指揮し、綾子も演奏する夫の琴協奏曲がレコーディングされるシーンでこの映画は終わる。怨讐のかなたで、日米合作の音楽が刻まれたレコードが生み出されたのである。

図表 0-3

　この物語では原爆投下という暴力は、破壊された浦上天主堂と光を奪われた綾子の目に表象される一方で、パールハーバー奇襲などの日本の戦争加害やアメリカ人犠牲者についても語られている。こうして原爆は、日米が和解・同盟する「平和」な戦後体制をもたらした「運命の冠をかぶった暴力」として想起された。J・ダワー風に言えば、この暴力によって敗北が抱きしめられたのである。したがってこの物語の中心に戦後体制を破壊しようとする「神的暴力」が出現する隙間は存在しない。この点において、七〇年代後半から八〇年代前半にかけてマンガとその実写・アニメ映画化によって人気を博し、海外でも高い評価を受けた『はだしのゲン』は構造的に異なる物語を展開している。

原作者の中沢啓治の実体験に基づく『はだしのゲン』の主人公は少年の中岡ゲン。父、妊娠中の母、姉、弟とともに広島で原爆被害にあい、父、姉、弟は爆風で吹き飛ばされた家の下敷きになって命を失う。ゲンと母は奇跡的に助かったが、この母、原爆投下直後に生まれた妹、復員してきた長兄、疎開から帰ってきた次兄、焼け野原のなかでゲンがめぐりあった原爆孤児を中心とする被爆者たちとともに、ゲンが原爆後の困難な戦後期をたくましく生き、そして妹や仲間を失っていく姿がこのマンガで描かれている。『この世界の片隅に』とは異なり、『はだしのゲン』では父が反戦主義者であったために「非国民」扱いされて、原爆投下以前に中岡家は投獄・拷問や近隣からの差別と嫌がらせ、姉へのセクシャル・ハラスメントといった暴力をすでに受けている。また、原爆投下は日本国家によって開始・遂行された戦争の帰結としても示唆されており、その罪は日本の天皇制国家にも帰せられている。

そして、原爆によって家族を失い、生き残っても原爆症に襲われて未来を奪われ、またその恐怖に脅える日々を送ることになったゲンとその仲間たちにとって戦後体制とは、生活世界が破壊されて極度の困窮生活が強いられただけではなく、エゴイスティックな物質主義や精神・道徳的荒廃がはびこっていった世界でもある。そして、そのような世界を引き起こした根本原因は原爆投下に帰せられていく。その意味で原爆投下はまさしく「神話的暴力」であり、その実態は破壊された浦上天主堂や光を失った目といった象徴レベルで描かれてはいない。黒焦げとなったり、皮膚が垂れ下がったり、ガラスが突き刺さったり、蠅や蛆が群がったりしている半死半生の身体と死体、アメリカ軍のブルドーザーで処理されるおびただしい数の髑髏、ケロイド、口から吐き出た血、毛髪が抜け落ちた頭部などに表象されたこの暴力の残虐性をこのマンガは生々しく描き出している。

したがってゲンは原爆投下がもたらした唾棄すべき戦後体制を受け入れることはできない。そのため、『この世界の片隅に』や『長崎の歌は忘れじ』とは異なり、中沢啓治の描く物語ではこの体制に対して「神的暴力」が行使されていく。原爆を最初に主題にした六八年のマンガ『黒い雨にうたれて』がまさに「神的暴力」の物語だ。被爆体験からアメリカ人嫌いになり、復讐心を抱いて任務を遂行する「外人専用の殺し屋」がその主人公だからである。原爆投下後の惨状を語りながらアメリカ人を射殺する「仕事」(図表0－4)をこなしていく一方で、「仕事」帰りに彼は、繁華街の路上で「ベトナムでうすら汚れた足でこの日本」をのさばり歩く「毛唐」を殴り倒していく。『はだしのゲン』では、戦後体制を表象＝代表する人物に対してこの暴力は行使されていく。原爆投下以前にもゲンらは中岡家を村八分にする町内会長とその息子の指を噛み砕くといった暴力で戦時体制の暴力に対抗して

図表 0–4

図表 0–5

いるが、原爆投下後も、間借りしていた農家の兄妹の嫌がらせに復讐して二人の口に馬糞を詰め込み、戦争反対デモを蹴散らそうとする右翼活動家や朝鮮戦争の戦争受益者などの股間をつぶし、スラムの不法家屋の撤去を強行する役人には糞尿をぶちまけるといった暴力がこのマンガではくり返されている。死んだ弟の生まれ変わりとして共同生活することになった隆太にいたってはピストルで武装しており、浮浪児に盗ませた物品を横取りして闇市で売りさばく二人のやくざの心臓に弾丸をぶち込み（図表0－5）、物語の最後には仲間を麻薬依存症にして死なせた三人の暴力団員を射殺している。

　こうした暴力のなかで、ゲンを中心にして原爆犠牲者の共同体が形成されていく。この共同体の成員は、原爆に由来する困難を乗り越えるために連帯するが、原爆症と原爆がもたらした物質・精神的荒廃のために次々と命を失い、残された者がその死を哀悼していく。前述の『黒い雨にうたれて』でも、主人公の殺し屋は「仕事」を成就したが、返り討ちで重傷を負い、原爆で失明した少女に角膜の提供を約束して死んでいく。先の引用文の最後の部分でベンヤミンは「神話的暴力は犠牲を要求し、神的暴力は犠牲を受け入れる」と述べているが、第1章(35頁)で説明する概念を用いて、前者の犠牲を「受動的犠牲(Victimhood)」、後者の犠牲を「能動的犠牲(Sacrifice)」と読み替えてみよう。そうするとゲンの共同体は、「神話的暴力」の受動的犠牲者が「神的暴力」を行使する能動的犠牲者として連帯・哀悼しながら、戦後体制に対抗して形成していく国民共同体のモデルであることが理解できるであろう。

このように、五〇年代初期の『長崎の歌は忘れじ』、七〇年代後期から八〇年代にかけて映画化もされて人気を博した『はだしのゲン』、二〇〇〇年代後半に連載された『この世界の片隅に』において「暴力」は異なる形で記憶されているが、それはいうまでもなく、それぞれの作者の体験や、この体験にもとづいて形成された戦後体制に対する立場が異なるからである。戦時体制下で映画製作に従事していた田坂具隆は壮年期に被爆を体験している一方で、中沢啓治は少年として三人の家族を原爆で失い、平和運動に共感を示し、こうの史代は広島市に生まれたものの、戦後生まれの本人も、父母、祖父母も被爆とはまったく無関係で、平和運動には違和感を覚えている(9)。しかし、ポピュラー・カルチャーは商業的なヒットを目指して時代の趨勢を敏感に読み取り、あるいはそれを先導しようとするものであり、逆に言えばそのことに成功することがヒット作品として世に知られる条件である。したがってこの三つの作品の相違は個人的なものであると同時に、時代とともに変化していく記憶の推移を反映しているものとしても解釈することは可能であろう。そこで、J・デリダやF・ニーチェの議論を取り入れながら、記憶における原爆犠牲者との関係の構築といった観点から、このような記憶の推移の意味を分析してみよう。

4　暴力・体制・記憶

先述したようにベンヤミンは「法を措定する暴力」(＝措定暴力)と「法を維持する暴力」(＝維持暴力)を区分しているが、デリダはその区分が内包する問題に執拗に食らいついている。たとえば、この二つの暴力が根本的に異質なものではない理由として、措定暴力は維持暴力が「語の強い意味で「再現前させた」ものである」ことが往々にしてあり、その上で維持暴力は措定暴力を「当然のこととして」くり返すと指摘している。[10] さらに、純粋に維持するだけの暴力が存在しないと同様に、法を措定・基礎づけるためだけの暴力も存在しない理由を次のように述べている。

「措定することがすでに反復可能性であり、自己を維持するためのくり返しに助力を求めるということである。一方で維持作用の方でも、なおも基礎づけのやり直しをする。それによって自分が基礎づけたいと思うものを維持することができるのである。したがって措定作用と維持作用とのあいだに厳密な対立関係はない。両者の間にあるのは、差延による汚染と私なら呼ぶであろうもの(そしてベンヤミンは名づけることをしなかったもの）だけである」[(11)]。

これらのデリダの指摘から、本書にとって有用な論点を導き出してみよう。まず、措定暴力は、それが維持暴力による反復可能な「再現前」として理解されると、維持暴力とは別個の暴力の「事実」というよりも、維持暴力が行使されるそれぞれのコンテクストのなかでくり返し生み出される措定暴力の「表象」ということになる。つまり、この暴力が過去の出来事として表象されるとき、措定暴力の「記憶」が維持暴力として行使されることになる。

さらに、措定＝基礎づけられた法がその維持のために基礎づけのやり直しが不可欠であり、そのつど法の措定が実行されているとすれば、措定暴力の「表象」としての「記憶」にも修正が必要となってくる。つまり維持暴力において反復可能な措定暴力は単純に反復されるだけではなく、法の基礎づけに変更が加えられ、それに伴って措定暴力の表象＝記憶に修正・変更が加えられる可能性が生じる。法およびその統括的総体としての体制と措定暴力の記憶は下部構造と上部構造のように結びつきを維持しながらともに変動し、両者の断絶は体制の崩壊を意味することになろう。私たちはこれまで『長崎の歌は忘れじ』から『はだしのゲン』、『この世界の片隅に』にいたる措定暴力の表象＝記憶の変化を見てきたが、ここに私たちは戦後の法・体制をめぐる闘争としての変化を読みとることが可能であろう。本書は、ドイツのナチ体制で行使された措定暴力の表象＝記憶とその変化を追うことで、その変化と結びついた戦後ドイツ体制の変容を読み解いていくつもりである。

同じ脈絡のなかでデリダは、措定・基礎づけは「約束である」と断定している。「たとえ実際には約束が守れなかったとしても、根拠付けのなされる最も断絶的な瞬間において、反復可能性が保護＝保存の約束を書き込む」[12]のだという。この「約束」概念をデリダがニーチェの『道徳の系譜』を念頭において使用しているのかはわからないが、デリダは道徳的・宗教的良心の系譜を債権者と債務者の「契約関係」から説明するこの著作の議論に注目している。[13]ニーチェが共同体（＝債権者）と、それによって守られ、その恩恵を享受している成員（＝債務者）とのあいだに結ばれた契約関係によって、成員は共同体に自らを抵当として入れ、義務を負ったが、そのためこの「債務」を返済するように「約束することができる動物」（傍点引用者）を育成することが共同体の課題となったと論じる[14]一方で、デリダはこの契約関係が総じて法・権利の主体の登場と同時に現われていると指摘している。またニーチェは、この「約束」を忘却させないために、この忘却に対抗する能力が育成されたが、それが「記憶」なのだという。では、何が記憶されたのか？

「人間がみずからに記憶を刻み込もうとするときにはつねに、流血と拷問と犠牲なしでは済まなかった。〔……〕これらのすべて〔「きわめて戦慄的な犠牲と担保」や「きわめて忌まわしい身体の毀損」、「きわめて残酷な儀礼」〕は、苦痛こそが記憶術の力強い助けとなることを嗅ぎつけた本能から生まれたものなのである[15]」。

　こうしてニーチェは、共同体との関係において呼び起こされる記憶はそれ自体が「暴力」であると看破することになった。「苦痛を与えつづけるものだけが記憶に残る」からである。これまでの概念を用いてこのことを換言すれば、「神話的暴力」によって措定された法秩序＝共同体が、あるいは

「神的暴力」によってその彼岸に形成された共同体が維持されるために、「暴力」は痛々しく記憶されつづけなければならないということになる。S・ジジェクの分類法[16]を借用するならば、原爆のような直接的に行使された暴力が「主観的暴力」であるのに対して、この記憶がはらむ暴力性は、「われわれがなにかを主観的暴力としてとらえる際によってたつ、無‐暴力というゼロ‐レベルを支える」ゆえに目に見えることがない「客観的暴力」としての「システム的暴力」であると言えよう。

「債務」を意味するドイツ語の Schuld が「責任・罪・負い目」も意味することはニーチェにとって偶然ではない。どの共同体であれ、その先祖や犠牲者に対する責任を自覚し、その犠牲のおかげで自らが生きていることに負い目を感じ、犠牲をまぬがれている罪の償いを債務として実行することが「約束をすることができる動物」としての成員の義務だからだ。そうであるならば、原爆投下という「神話的暴力」によって措定された法秩序＝共同体の成員は原爆犠牲者に対して債務(＝責任・罪・負い目)を負っており、その犠牲者と連帯し、その死に哀悼を捧げなければならない。したがって、この犠牲者に対する連帯と哀悼のあり方がその記憶にとって重要な意味をもつ。原爆をテーマに扱った映画の多くが、犠牲者自身と同時に――あるいは犠牲者よりも――この人びとに連帯・哀悼する人物を主役に据え、大物・人気俳優を起用して、観客に感情的に自己同一化させようとしているのは、そのためである。

たとえば、一九五二年の『原爆の子』(新藤兼人監督)は、家族唯一の生き残りで、広島を離れて教師をしていた女性(乙羽信子)が帰郷して、被爆者たちの苦悩を目の当たりにし、使用人だった老人の孫で、原爆で孤児となった少年を引き取って育てる決意をする物語である。その後も、原爆症で苦しむ被爆者が恋人や家族、近隣のなかで支えられ、その死が見取られていくという物語の映画が製作されている。五七年の『純愛物語』(今井正監督)では孤児で不良の若者(江原真二郎)が、同じく孤児で、原爆症で孤独に死にゆく少女(中原ひとみ)を物心ともに支えようと尽力し、六二年の『その夜は忘れない』(吉村公三郎監督)では、広島に出張した雑誌編集記者(田宮二郎)がそこで知り合った被爆者で、死に脅える女性(若尾文子)の過去とケロイドの身体を受け入れていく。六六年の『愛と死の記録』(蔵原惟繕監督)は、原爆症で苦しみながら衰弱していく恋人(渡哲也)を献身的に看病する女性(吉永小百合)が恋人の死後に服毒自殺をして青春と命を捧げるという物語である。

後者の三つの物語において被爆者を支える三人の男女はいずれも原爆体験をもたず、その意味で原爆犠牲者ではない。『原爆の子』では乙羽信子が演じる女性は原爆を広島で体験しているが、その身体に被爆の痕跡も、影響もまったく見られない。同じことは『はだしのゲン』の主役にも言える。ゲンは、被爆して毛髪が抜け落ちてしまうが、やがてふたたび生え出し、その後も健康体を保持して被爆者たちに連帯・哀悼している。つまり、これらの物語では連帯・哀悼できうる主体が確保されており、原爆の受動的な犠牲というよりも、共同体への連帯と哀悼というこの主体の能動的な犠牲行為が物語の主軸となっているのである。ニーチェ風に言えば、この連帯・哀悼する主体は、恋愛関係や(擬似)家族関係、近隣関係、浮浪者集団のような緊急共同体のなかで犠牲者に「債務」(=責任・罪・負い目)を返済している者たちなのである。このような人物を「連帯・哀悼する主役」と呼んでおこう。

八九年の『黒い雨』(今村昌平監督)も原爆症で死に向かう矢須子(田中好子)を叔父夫婦(北村和夫／市原悦子)や近隣が支え、その最期を見取るという物語だ。しかし、叔母や支えていた周りの人びとも次々と亡くなっていく。また、原爆症で苦しむ犠牲者の矢須子に対して、叔父は最後まで脇役的な役割に徹しているように、この映画では死にゆく犠牲者を中心に物語が展開している。「連帯・哀悼する主役」が脇役に後退しているのである。二〇〇四年にこうの史代が最初に原爆をテーマにしたマンガ『夕凪の街　桜の国』にいたると、このような変化は明白になっている。第一部の「夕凪の街」の主人公である皆実は原爆で父と妹を、二カ月後には姉を原爆症で失い、その一〇年後に広島の「原爆スラム」に母親と住んでいる。彼女は自身が被爆者であるにもかかわらず、原爆犠牲者に「債務」(＝責任・罪・負い目)を負っていると感じ、自分が戦後を幸福に生きることを躊躇するが、やがて原爆症を発症して、床に臥せてしまう。母親や恋人が寄り添って看護するが、彼女への連帯や哀悼が物語の主軸ではない。原爆犠牲者へ「連帯・哀悼する主役」ではなく、犠牲者自身に物語の照準があてられているから、彼女が死に近づいていくと、マンガから彼女の存在が消えていくと同時に、マンガの紙面が白紙になって、彼女が生きていた世界も消えていく(図表0－6)のである。〇七年に実写版として製作された映画では、皆実の死のシーンにそのような死のありかたを描写するための特別な工夫は施されていない。しかし、一八年にNHKによって製作されたテレビ・ドラマでは、その場面で皆実の視線がそのまま画像となり、皆実が見ている姿で駆けつけた恋人と弟が映し出されるが、皆実の薄れゆくモノクロの視覚によってその「各自」の死(ハイデガー)が演出されている。

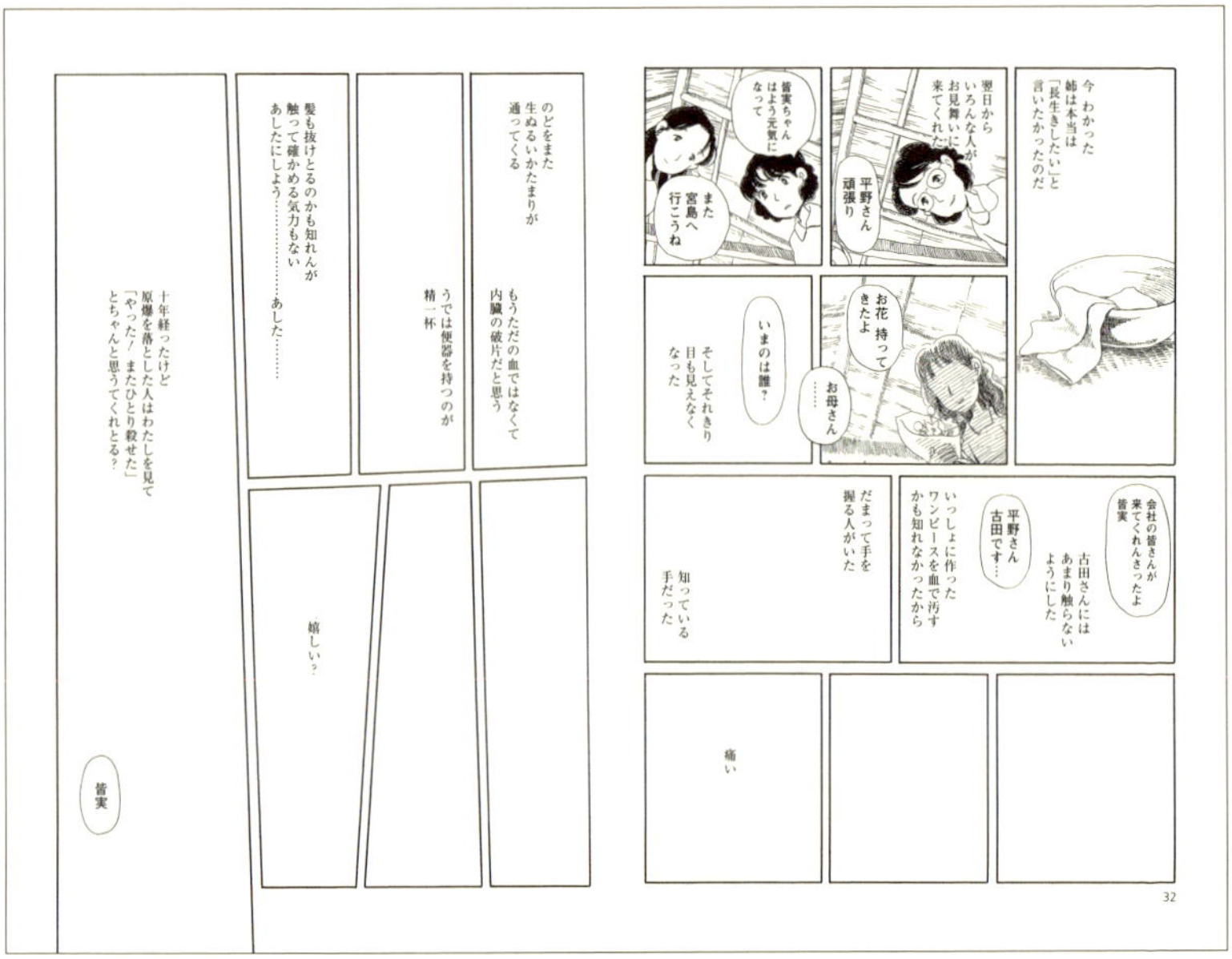

図表 0-6

第二部の「桜の国(一)」、第三部の「桜の国(二)」になると、主役は犠牲になった者から、犠牲者を記憶する者に代わっている。その主役は東京に暮らす小学生の七波。疎開していたために被爆を免れた皆実の弟である父と、広島で被爆し、「原爆スラム」に生活していた母との間に生まれた被爆二世である。したがって彼女は伯母の皆実を知らないが、彼女の最期を見取った祖母は孫に原爆症が発症しないかと不安を抱く。それから十数年が経ち、祖母と母が他界して、父と弟と暮らす七波は、泊りがけでふらりと「散歩」に出かけるようになった父が心配で、たまたま出会った幼なじみとともに父を尾行してみると、広島に行き着く。父は妻と出会い、恋愛し、結婚していった過去を回顧しながら、五〇回忌を迎える姉を知る人びとを訪ね歩いていた。

そのあとを追うことで被爆二世の七波は自分のルーツを確かめていく。かつての物語では犠牲者に連帯・哀悼することで共同体に帰属することが主題であったとすれば、この物語では犠牲者を記憶することで自らの来歴をたどり、居場所＝時間／空間的アイデンティティを探求することにテーマは移っているといえよう。

このような物語上の変化は、何を意味しているのであろうか。『はだしのゲン』はかつて多くの学校で、図書館でも読むことができる唯一のマンガであったのに、いまや描写の残酷性を理由に閲覧コーナーの本棚から締め出す図書館があらわれている一方で、こうの史代のマンガがベストセラーとなり、映画やテレビ・ドラマとして映像化されている。この現象は上述の物語上の変化と関連しているのであろうか。もちろん、原爆投下は日本の戦後体制にとって唯一の「神話的暴力」ではない。戦地で一般兵士、とくに特攻隊が体験した戦争暴力、沖縄での地上戦で非戦闘住民が受けた暴力、日本の大都市への空襲などが戦後においてくり返し公的に想起されつづけた。したがって原爆投下はもっとも代表的な「神話的暴力」ではあるが、そのなかの一つにすぎない。そして、ここでは触れることはできなかったが、これらの暴力の記憶とその物語――たとえば「沖縄」の記憶と物語――もまた戦後のなかで変化していった。

同じことは、第三帝国で行使された暴力の戦後における記憶についてもいえる。本書は、戦後ドイツにおいて時代の推移にともなって変化していく「神話的暴力」の記憶を歴史社会学・政治学的に分析することによって、このような記憶の変化のメカニズムを解明することを目指していくつもりである。

もちろん、日本と同様にドイツでもこの「暴力」は多様である。まず何よりも真っ先に頭に浮かぶのは、ナチス・ドイツが引き起こした第二次世界大戦によってヨーロッパ各国に数千万人にものぼる犠牲者をもたらした戦争暴力や、六〇〇万人のユダヤ人が犠牲となったホロコースト、あるいはロマに対する五〇万人といわれる民族殺戮の暴力であろう。しかし、ナチスと敵対して迫害され、あるいは亡命を強いられた政敵、あるいは知的障がい者、性的マイノリティであったドイツ人も、ナチズムの暴力支配の犠牲者だったのであり、とくに反ナチ抵抗運動を企てたドイツ人は苛酷な弾圧と処罰の暴力を受けた。さらに、約五〇〇万人のドイツ兵が戦場で斃れ、空襲や地上戦によって多くの都市区が瓦礫と廃墟となっただけではなく、約一〇〇万人のドイツ市民もこの戦争で命を落とした。さらに敗戦過程のなかで、おびただしい数のドイツ人女性が性暴力の餌食となった。このように、抵抗することなくナチ体制を支えていたドイツ人も戦時暴力を受けたのである。さらに、終戦後に国境外のドイツ系市民とポーランド領となる帝国領土に定住していた一二〇〇万人以上のドイツ系住民が現在の国境内へ暴力的に移住を強要され、その過程で二〇〇万人の命が失われたといわれている。第三帝国はまさに「暴力」が猛威を振るった時代であり、ドイツ国民はこの暴力の加害者でもあり、犠牲者でもあった。

本書は、論点が多岐にわたって議論が散漫になるのを避けるために、分析対象として「暴力」を第二次世界大戦の前線と銃後でドイツ人が犠牲となった戦争暴力に集中し、その「記憶」を西ドイツおよび統一ドイツに限定した。ホロコーストの記憶に関しては拙著『ホロコーストと戦後ドイツ』で詳しく取り上げたが、ドイツ人が他の民族に対して行使したほかの暴力や、ドイツ人自身が受けた政治・社会的暴力や性暴力、強制移住の暴力とその記憶の問題、さらに東ドイツにおける記憶の問題の分析は紙面上の都合からも、今後、公表していくことにする。

第1、2章では一九五〇年代以降における戦時暴力の記憶の変遷を扱い、第3章ではその記憶が変容するきっかけとなったホロコーストの記憶とそのグローバル化の問題に取り組み、第4章以降ではその結果として変化していった暴力の記憶、その変化の原因と意味を探っていく。そしてこのような考察を経たのちに、終章において記憶と体制の関係を総括し、最後にふたたび『この世界の片隅に』を取り上げることで〈想起の政治学〉を提起することにする。

第1章

汚れなき国防軍兵士
――戦争体験の記憶

1　戦争の記憶の構造

一九世紀と二〇世紀の多くの体制は戦争を契機に誕生している。ヨーロッパではナポレオン戦争の結果として近代的な国民国家の基盤となる体制が数多く生み出されたし、近代国家としてのアメリカが築かれる契機をつくったのは南北戦争であった。第一次世界大戦はロシア、ドイツ、オーストリアといった既存の国民国家の体制転換をもたらし、チェコ・スロヴァキアやポーランドなど多くの国民国家体制を樹立させた。もちろん、このことは第二次世界大戦にも当てはまり、とくにアジアでこの戦争を契機に多くの独立国家が生まれた。ということは、一九・二〇世紀の体制の――厳密な数字は出せないが、おそらく――大半は「戦後体制」であったことになる。たとえば、フランスでは復古王政、第三共和政、第四共和政がそうであり、ドイツでは第二帝政とワイマール共和制、そして東西ドイツの両共和制はそれぞれ普仏戦争、第一次世界大戦、第二次世界大戦の「戦後体制」である。序章で述べた仮説を思い出していただきたい。法の根源に暴力が存在し、この「神話的暴力」によって法

図表 1-1

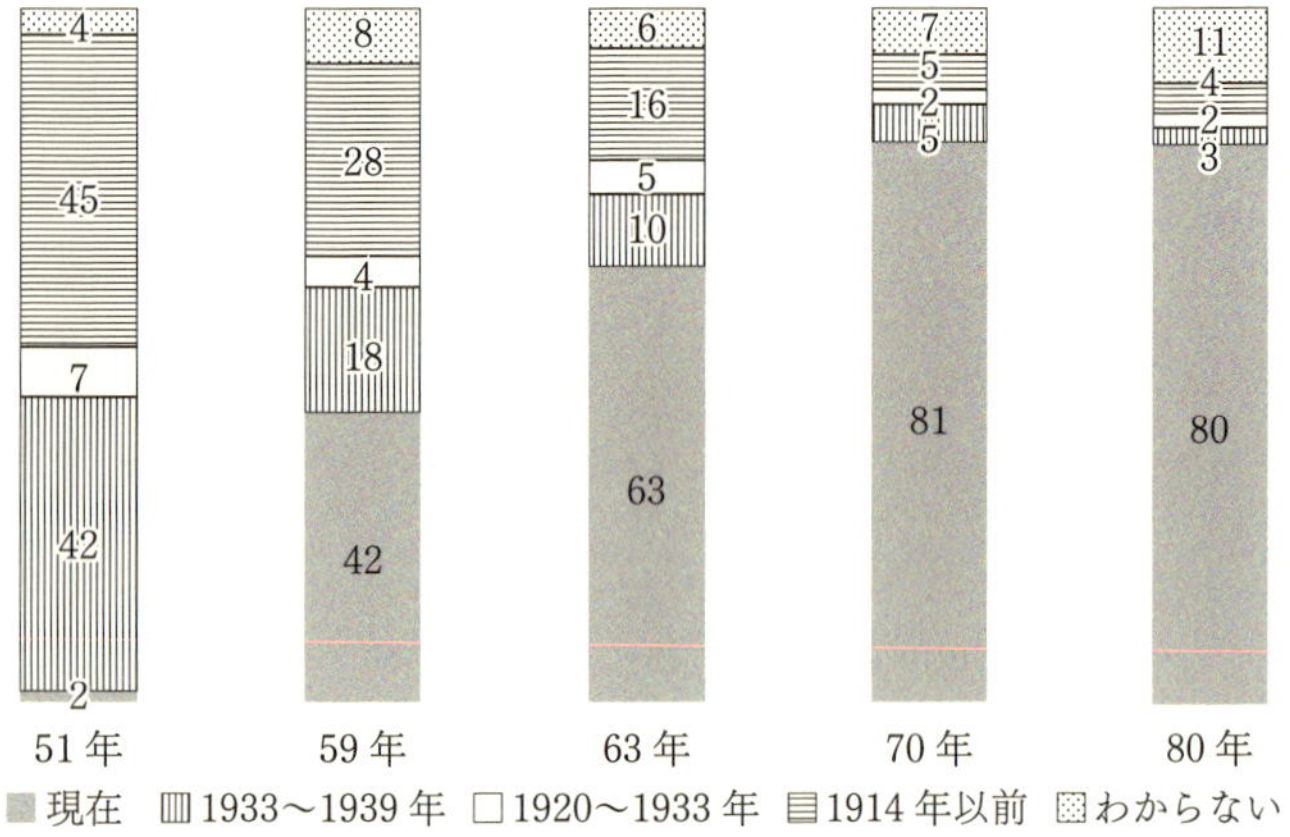

とその統括的総体としての体制は措定され、体制が維持されるためにこの暴力は痛みを伴って記憶され、犠牲者は哀悼されつづけなければならない。この仮説にしたがえば、体制を樹立および転換させた根本原因が戦争であるとき、その戦争における「暴力」が法秩序である「戦後体制」を措定したことになり、この秩序の維持のために戦争暴力とその犠牲者は痛々しく記憶されなければならない。では日本と同様に、「敗北」という形で終結し、その結果として戦後体制が創設されたドイツでは、どのように第二次世界大戦の暴力が「神話的暴力」として記憶され、どのような犠牲者が哀悼されていったのであろうか。

　まずは、戦争の記憶の構造を考察してみよう。図表1−1[1]は「ドイツが最もうまくいった時期」に関する世論調査の結果である。一九五〇年代初期の調査では二〇〜三三年のワイマール期と「現在」の評価が低いのに対して、一四年以前の帝政期と三三〜三九年の戦前のナチ期が高く評価されていたことが理解できるだろう。その後、「現在」の評価が上昇していくと同時に、帝政期と戦前のナチ期のそれは相対的に低下し、四五年以後としての「現在」の評価はほかの時代を圧倒することになった。この図からは、よき時代と悪しき時代が交互に訪れ、五〇年代以降に最終的に「最良の時代」を迎えることができたという西ドイツ人の二〇世紀観を確認することができるだろう。そのさい、五〇年代においてナチ期に高い評価が下されていることが注目されるが、「ドイツが最悪だった時期」を問う五一年の世論調査は、戦中と戦後の評価の関係を示してくれる。すなわち、「最悪の時代」は戦前のナチ時代である「三三〜三八年」（二％）でも、戦中のナチ時代である「三九〜四五年」（八％）でもなく、戦争末期と終戦後の「四五〜四八年」（八〇％）だったのである。[2]

「最悪の時代」への転落、換言すれば、ナチ体制の観点でいえば〈おわりのはじまり〉、戦後体制の観点からは〈はじまりのはじまり〉として記憶されることになる事件が、四三年のスターリングラード戦の敗北であった。当時の諜報部の報告によれば、「スターリングラードが戦争の転換点を意味しているという確信」が全般的に広まっており、人びとは「スターリングラードの陥落を終わりの始まりと見る」傾向にあったという。[3] 終戦後の意識調査はこの事実を裏づけている。アメリカ軍の諜報部兵として従軍し、ドイツ人の心理状態を調査したS・パドーファーによれば、ヒトラーを英雄として崇めていたドイツ市民の態度に「深刻な変化——たいていはトラウマ的なショックになっていった変化」をこの敗北はもたらした。これをきっかけに人びとは「反ヒトラーに転向し、その指導の英知を疑い始めた[4]」という。また、四六〜四七年にベルリンにおける家族の実態を調査したH・トゥルンヴ

図表 1-2

最終階級	兵士	下士官	将校
よい思い出がまさっている	26%	36%	48%
非常にまちまち	40%	44%	41%
悪い思い出がまさっている	29%	16%	8%
とても好んで語る	8%	18%	8%
好んで語る	30%	37%	48%
好まない	49%	38%	40%
一度も語っていない	13%	7%	4%

アルトが聞き取った二六歳の女子学生も、スターリングラードの陥落がナチズムとその指導部への信頼を揺るがし、「崩壊がやってきかねないということがゆっくりと明らかになっていった」と述べている。[5] 七〇年代末に戦争体験世代のハンブルク在住男性を対象にした調査においてもその記憶は鮮明である。ある被験者は、スターリングラードで「不幸が始まり」、その敗北で「はかない夢ははじけた。そう。こうして私たちのすべての理想と夢、それは……崩れ去った」と回顧している。[6]

すなわち、戦争が悪しき時代の出来事として記憶されるのは、前線がドイツ国境に向かって後退し、赤軍がベルリンに迫っていく敗退期であって、連戦連勝の攻勢期だけではなく、巻き返しが可能と思われていた守勢期も、少なくとも「最悪の時代」ではけっしてなかったのである。この戦争観は、旧兵士を対象とする戦争の記憶に関する五六年の世論調査の結果に反映されているように思われる。兵役に関して「よい思い出」と「悪い思い出」のどっちがまさっているのかという質問に図表1－2の結果が出ている。[7] そこでは「よい思い出」と「悪い思い出」が入り混じっているが、一般兵士において両者は拮抗しているのに対して、下士官と将校のクラスにおいては「よい思い出」が圧倒していたのである。

この当時、瓦礫と廃墟に象徴され、父親や夫の戦死による喪失や戦争捕虜による不在や、身体と精神の損傷、劣悪な食料・居住状態などに具体化された戦争の痕跡は偏在していた。しかもそれは生々しいものであったため、多くの体験者はまだ物質的にも、精神的にも回顧できるほどの距離を第二次世界大戦に対して持ちえていなかった。世論調査によれば、五六年になっても多くの戦争体験者が「空襲」、「戦争捕虜」、「避難」、「前線での射撃・砲撃」の悪夢にうなされていたのである(8)。しかし、過去の出来事として第二次世界大戦が私的に語られていなかったわけではない。兵役時代について知人と語る頻度を問う同年の世論調査(9)では、「めったにない」が二九％、「一度もない」が一〇％であるのに対して、「頻繁に」が二八％、「ときどき」が三三％という結果が出ているから、六割以上の旧兵士が心理的な敷居なしに兵役時代を語っており、その割合は沈黙派を凌駕していたことになる。図表1－2が示している通り、兵役時代を「(非常に)好んで語る」割合は階級によって異なっており、語りたくない戦争体験を下級兵士がより抱えていたことがここから理解できるであろう。戦争は悪夢として蘇っていた一方で、好んで語られてもいたのである。

語られていた戦争の内容や時期に関する世論調査は見当たらないが、「戦争」一般が語られるとき、その語りの焦点は、「最悪」と感じられていた敗退期の東部戦線にあったようである。前述のハンブルク在住男性の意識調査によれば、対ソ戦争は、その戦争を体験していない被験者からも、「戦争そのもの」とみなされたが、戦果をあげた侵攻や「電撃戦」についてはほとんど語られず、敗戦に向かうさまざまな段階が話題となったという。[10] つまり、「よい思い出」が多かったはずの時期ではなく、「最悪の時代」の「悪しき思い出」が——少なくとも公的な戦争の語りのなかでは——多く語られていたことになる。のちに具体的に検討するが、第二次世界大戦を題材とする劇映画（＝戦争映画）においてもこの傾向は明確に示されるので、戦争の記憶がもつこの焦点の意味については本章の第5節「濃縮された暴力の記憶」で詳しく論証することにしよう。

戦争体験、とくに戦場体験が公的に想起される重大なきっかけとなったのが、西ドイツの再軍備をめぐる論争であった。ふたたび軍隊を有する国家体制となる西ドイツは、かつてヨーロッパを蹂躙していった軍隊のありかたが問われるなかで、戦争の記憶を公的に蘇らせていったのである。

五〇年の世論調査は第二次世界大戦の記憶が西ドイツ国家の存立に関わる深刻な問題を提起していることを明らかにしている。すなわち、東から侵攻があった場合に長期的に見て、「蹂躙させる」ことと「防衛する」ことのどちらの方がよいのかという質問に、西ドイツ市民の二六％が「蹂躙」を選択し、二九％が決めかね、四五％だけが「防衛」の意志を示したのである。この意志は、東からの攻撃に自らが兵士として戦うのかという個人レベルで問われると、四割以下にまで低下し、ほぼ半数の男性が「防衛」を拒否し、四割以上の女性が夫や息子の出征を阻止するつもりでいた。[11] 戦争、正確には最終的におびただしい死者や瓦礫と廃墟、東部領土の喪失をもたらした敗戦は、戦争による犠牲が最終的に無意味となり、戦死が「無駄死に」であることを実感した多くの市民に「うんざり」感を戦

図表 1-3

〈受動性〉←被害者・罹災者／受難者／
生贄・スケープゴート／殉教者／英雄・英霊→〈能動性〉

後に残したのである。この感情はのちに「おれだけはごめんだ(ohne mich)」という流行語で表現された。

この「うんざり」感は西ドイツ市民の「受動的犠牲者」としての自己認識ともかかわっているので、まずこの概念を説明しておこう。日本語およびドイツ語とは異なり、英語やフランス語などでは「犠牲者／Opfer」概念は二つの意味に区分されている。第一は、(戦争)暴力を行使されて、命を奪われた、あるいは肉体的・物質的・精神的な損害を受けた犠牲者としての受動的犠牲者＝Victim。第二が、(戦争)暴力を行使して身体と生命を捧げた、あるいは肉体的・物質的・精神的な損害を自ら引き受けた犠牲者としての能動的犠牲者＝Sacrifice である。受動性／能動性の比重に応じて図表1－3のような犠牲者像が並列できるであろう。

能動的犠牲者である Sacrifice は共同体のために払った犠牲であるために、その行為に意味を与えられることができるが、受動的犠牲者である Victim の場合、犠牲は「外部」の偶然性からもたらされたものであり、その受動性ゆえに犠牲の意味を共同体との関係において根拠づけることは困難である。[12]

拙著[13]ですでに示したが、西ドイツでは終戦後にユダヤ人や東欧の諸国民だけではなく、ドイツ国民もヒトラーとナチズム、さらにはスターリンと共産主義の受動的犠牲者であることを主張することで、加害の責任を免れることが試みられた。戦争とホロコーストによって甚大な損害をヨーロッパ諸国に加えた国民が冷戦下の政治的条件において国民共同体を再構成する上で、受動的な犠牲者であることの主張と自己認識は重要な役割を果たしたのである。終戦後から(西)ドイツは「犠牲者共同体」として形成されようとしていた。しかしこのような受動的犠牲者としての自己認識はすでに終戦以前に始まっている。終戦直後に「(生き残れて)幸運だった」という感情が頻繁に聞かれたが、その感情は、自らが運命を切り拓いていくことができずに、戦闘や捕虜生活、反体制テロの強化、地上戦、空襲、避難・被追放といった「外部」の巨大な力と偶然性によって自分の運命が決定されていく「無力」感の裏返しの表現であった。すでに戦争末期にナチ体制はその意味で「外部」化されており、国民はこの体制から運命を翻弄されていると感じ始め、ナチ体制の受動的犠牲者であることを自覚していった。その多くはこの時点でナチ体制のために犠牲になることが「無駄死に」であるとすでに感じていたのである。そして、国民的な意志とは無関係に国土は縮小され、分裂国家が樹立されていく「戦後」とは、このような「外部」が存続した状態にほかならなかった。「外部」でありつづけるかぎりで、この国家は能動的犠牲を意味づけることができる対象ではなかった。あるいは、共産主義や経済恐慌、政治・社会的混乱などの「外部」によってふたたび運命が無意味に翻弄されることは避けたいという消極的な回避だけがその成員の目的となって、共同体の存在が意味づけられていたといえよう。多くの西ドイツ市民はその国家に対してプラグマティックな態度を示したのである。しかし、このような受動的な「犠牲者共同体」は国民自らが身を捧げて防衛するに値する共同体となることが困難であることを、前述の世論調査は明らかにしたといえよう。

ここにおいて、西側同盟国として再軍備を実現し、軍隊を有する「普通」の国民国家を目指していた西ドイツ国家が直面していた課題を確認することができるであろう。この課題とは、ナチズムと共産主義を「外部」として明確に位置づけ、西ドイツ国家・社会体制に認められていた「外部」性を払拭することで、西ドイツ国民であることの必然性を構築し、「蹂躙」を選択しかねない受動的犠牲者＝Victim の国民から、「防衛」を義務とする能動的犠牲者＝Sacrifice の国民を立ち上げることである。それは同時に、ナチズム体制による無意味な受動的犠牲や「無駄死に」をドイツ国民のための有意味な能動的犠牲へと転換することで、無意味な戦争経験から意味ある経験を導き出し、「正当」な軍隊を創出することを意味した。この目的のために戦争体験、とりわけ国防軍の兵士として受け、あるいは与えた戦時暴力を「神話的暴力」として公的に想起することが求められ、その記憶のありかたは戦後体制とその国民の正当性の問題とかかわったのである。

2　戦争映画に見る記憶の構造

この課題を果たす上で重要な役割を果たしたのが「戦争映画」(14)であった。一九四五年から六〇年までに外国作も含めた三〇〇本近い戦争・反戦映画が西ドイツで上映されたと言われているが、その数は再軍備に関する議論の高まりとともに増えていった。これらの映画の解釈を通して、西ドイツ国民が受動的犠牲者から能動的犠牲者の共同体へと転換していく歴史的過程を追ってみよう。

五一年にハリウッドは、J・メイソンを主役に立てて、第二次世界大戦のドイツ陸軍元帥、E・ロンメルの人間性と悲劇を描く映画『砂漠の狐――ロンメルの物語』(邦題は『砂漠の鬼将軍』)を製作し、西ドイツでは『ロンメル――砂漠の狐』のタイトルで上映され、人気を博した。この映画の冒頭でロンメルは、専門的で、客観的な情勢判断に基づく人道的な指令と命令を下し、兵士とともに行動することで、部下と信頼関係を結んでいる軍人として描き出され、それゆえに、彼の殺害をもくろんだが失敗して捕虜になったイギリス特殊部隊の兵士も尊敬のまなざしをロンメルに注いでいる。これに対してヒトラーやその取り巻きであるカイテル元帥らは、素人的な主観的判断に基づいて兵士たちの犠牲を厭わない命令――たとえば「一ミリたりとも撤退はありえない。勝利か死かの選択しかない」(ヒトラーの前線への電報)――を下すことで、前線で指揮を執るロンメルを悩まし、彼は無駄な犠牲を避けるためにその命令を拒否した。それに対してヒトラーは激怒し、侮辱的な言葉をロンメルに投げつける。ヒトラーの戦術的な誤謬に対して助言をロンメルは試みるが、それも拒否されるなかで彼は、国防軍内部に広がっていたヒトラー暗殺計画集団に接近していった。最終的にその計画に加わらなかったものの、暗殺が未遂に終わったのちに彼はその事件との関わりを追及され、自殺を強要される。いったんはその要求を断るものの、家族に危害が及ぶことを恐れて、裁判ではなく、自殺を選択してこの映画は終わる。旧敵国の軍人を主人公に据えたこのアメリカ映画は、西ドイツでの戦争映画ブームの火付け役となり、その後の戦争映画の雛型ともいうべき筋書きを展開したことで、西ドイツ映画界に大きな影響を与えた。その意味でこの映画はアメリカから届けられた「非軍事援助物資」であったといえよう。

五四年から三部作として上映された『08／15』は再軍備問題の議論との関連で話題を呼んだヒット作品である。この映画は「旧式」や「旧態依然」、「時代遅れ」を意味する「08／15」(ドイツ軍で使用された軽機関銃M08／15に由来)の上官・軍人と「まっとうな」上官・軍人の対立を物語の主軸を据え、大戦直前にドイツの小都市の兵舎で訓練兵として登場するアッシュ上等兵という若き兵士を三部作すべての主人公にしている。第一部で彼と訓練兵の仲間は「08／15」の上官から不当ないじめを受けるが、「規律違反」の脅しによってそれに対する抵抗は押しとどめられていた。しかしアッシュは巧みに計略をめぐらしてそのいじめに対抗し、仲間と連帯して上官たちの不正を摘発し、「まっとうな」上官に訴えた。この訴えは認められて、「08／15」の上官には降格の処分が下され、アッシュらはその功績を認められて昇格するのである。「08／15」のナチ的な下士官の旧態依然の理念と態度を糾弾するアッシュは、戦後新たに組織された連邦軍兵士の理想像であるとみなされるが、そのような新たな軍隊・兵士像がプロイセン的な将校によって承認されるというモチーフもこの映画から読みとることができよう。

『08／15』の第二部『戦場の08／15』(五五年)の舞台は東部戦線である。曹長となったアッシュは、沈着冷静で、ナチ体制に敵対するプロイセン的なフォン・プレーニス中佐の人道的な指揮の下で軍務に就いている。この「まっとうな」軍人・上官に対して「08／15」の軍人として登場するのが、ヒトラーに忠実なナチ的人物としてのヴィッターラー大尉である。彼を突き動かしているのは名誉欲、物欲、性欲などの私的な欲望であり、それにもとづいて無謀な戦闘命令を部下に下すだけではなく、戦況が悪化すると部下を残して逃亡するタイプの軍人・上官として描かれている。彼の無意味で、無謀な命令のために、アッシュの妹の恋人で、訓練兵としてともに生活してきた戦友は命を落とすことになる。

『08／15』の第三部『国内の08／15』(五五年)では前線はすでにドイツ国内に入り込んでいる。ここでの「08／15」的な人物は、国防軍の大佐と中尉に「偽装」した二人の親衛隊保安部(SD)であり、彼らは戦争中に不正に財貨を取得し、それを守るために部下の殺害や敵前逃亡もためらうことのない正真正銘の「ナチス」である。無益な血を流すことを回避しようとする人道的なフォン・プレーニスとその配下にあったアッシュは、その一人の不正を軍事裁判にかけることに成功して、彼を絞首刑に処した。しかし、進駐したアメリカ軍はプレーニスを戦争犯罪人とみなして収容所に拘禁し、SDのもう一人は「まっとうな」軍人の一人と刺し違えて死亡したが、小悪の「08／15」の軍人たちはアメリカ軍に取り入り、優遇される姿を観客に残してこの三部作は幕を閉じる。

前述したように、スターリングラード戦の敗退は、敗戦と崩壊を予兆しはじめた当時の人びとにとって〈おわりのはじまり〉を意味し、戦争末期以後のドイツ人の運命を決定づける出来事として知覚されたが、それゆえにスターリングラードのドイツ兵の運命は「ドイツ民族の運命」と同義語となり、戦後のドイツ人の記憶にも深く刻み込まれることになった。スターリングラードの兵士はまさにドイツ人の犠牲者を表象=代表していたのである。(15) そのためこの戦闘を扱った手記や自伝、文学作品が西

図表 1-4

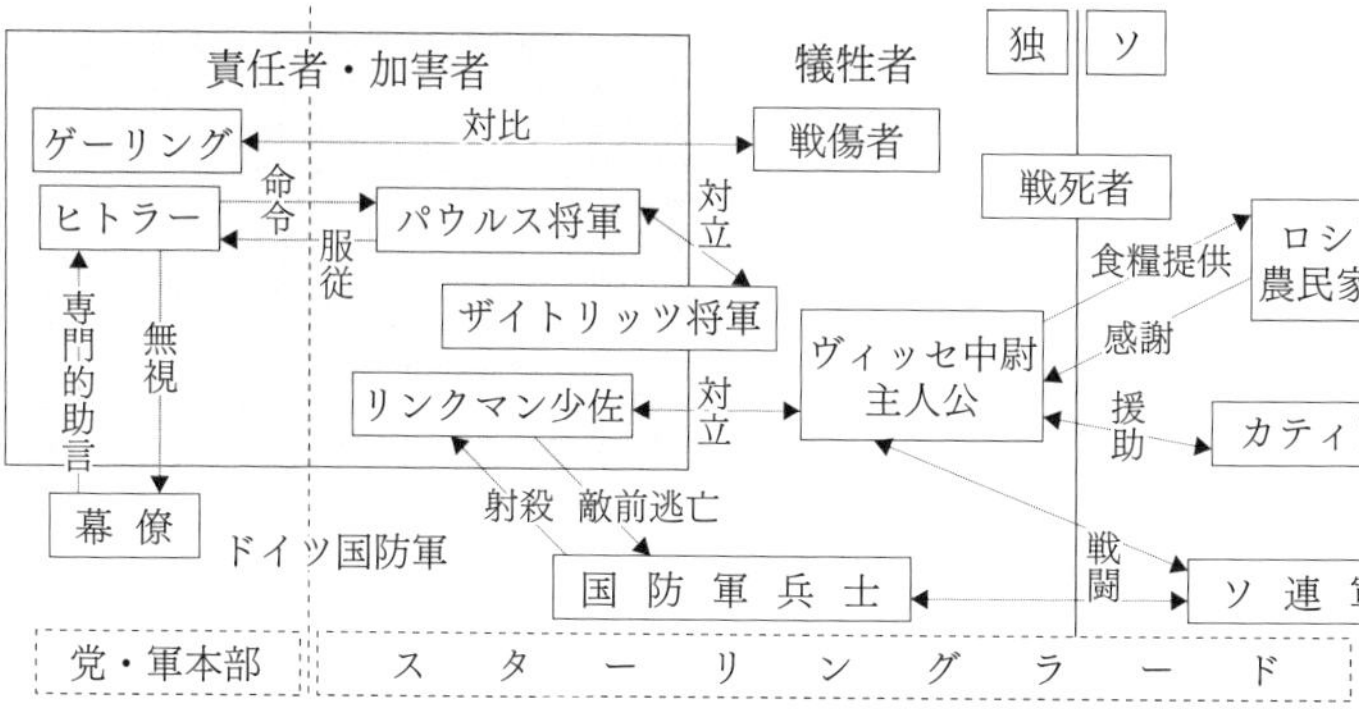

ドイツ建国後に数多く刊行された[16]。そのような作品の一つである『犬どもよ、永遠に生きたいか』(以下、『犬どもよ』と略。邦題は『壮烈第六軍！　最後の戦線』)が五九年に映画化され、スターリングラード戦をテーマにした当時もっとも影響力をもった映画となった。

　この映画でも問題とされているのは戦争の性格そのものではなく、ドイツ人内部の対立と敗北の責任の所在である。『ロンメル』では〈独善的なヒトラーとその取り巻きの政治集団vs人道的なスペシャリスト集団としての国防軍〉、『08／15』の三部作では〈「08／15(旧態依然)」の上官・軍人vs「まっとう」な上官・軍人〉の形で見られた二分法は、『犬どもよ』では〈犠牲者vs責任者・加害者〉の構図(図表1－4参照)で明確に現われている。すなわち、ドイツ国内では専門的な提言をする国防軍幕僚とそれを無視するヒトラーとの対立、前線での指導部レベルではヒトラーの理不尽な命令に服従するパウルス将軍と客観的に状勢を判断するザイトリッツ将軍との対立がこの映画で強調され、同時にこのことによって、ス

図表 1-5

ターリングラードの破局的終末の責任はヒトラー個人とその取り巻きに帰せられている。戦争の問題はそのやり方、すなわち戦術の問題に還元されているのである。

前線の一般兵士はヒトラーたちが決定した非人間的な戦闘の犠牲者として描かれているが、この映画はこの場面でも、党の方針に忠実で、出世欲にかられて無謀な命令を下すリンクマン少佐のような上官を登場させ、ここにも対立線をもうけている。このリンクマン少佐には敵との戦闘による「栄誉」ある死ではなく、状況の悪化に伴い敵前逃亡を企てて、仲間の国防軍兵士から射殺されるという「不名誉」な結末が与えられている。また『犬どもよ』では、スターリングラードの戦いをペルシャ戦争のテルモピュライの戦いになぞらえ、まだ終わってもいない戦いの犠牲者の歴史的意義を称えたゲーリングのナチス帝国一〇周年の演説[17]が、無数の戦傷者が呻き声をあげながら息絶えていく地下室の野戦病棟にラジオのスピーカーを通して響き渡るシーン（図表1－5）も挿入されている。スターリングラードの現実とはかけ離れたその演説の内容に憤怒する兵士たちを描くことで、この映画ではナチ幹部と一般兵士との対立関係も演出されているのである。スターリングラードの攻防戦で祖国を防衛しようとしていたが、ナチスの指導部によって裏切られたこの兵士たちの共同体は、まさにドイツの「犠牲者共同体」の似姿として描き出されたのである。

いまや古典的という評価さえ与えられている「反戦映画」の『橋』(五九年)は、主人公を七人の少年兵に設定することで、この「犠牲者共同体」を痛々しく描き出すことに成功した。この映画では、大人たちはドイツの敗北をすでに確信して、少年たちを無意味な犠牲者にさせまいと試みたが、この少年たちはアメリカ軍の侵入を阻止するために破壊を予定していた橋を防衛しようと決意する。その少年の一人の父親であったナチ地区指導者は欲望を満たすために愛人と戦争から逃避する一方で、少年たちは戦闘の回避を自ら拒否して、この無意味な戦闘を実に勇敢に戦う。しかし彼らは防衛する意味のない橋のために一人を残して全員が戦死してしまうのである。

これらの戦争映画のもっとも際立った特徴は、ナチ体制の「外部」化が歴史的に再確認されていることにある。ヒトラーとその取り巻き、ナチ党幹部、その方針に忠実なナチ的な人物はこれらの映画では誇大妄想的な政治集団や「時代遅れ」の集団として描かれているが、彼らの行動の動機はエゴイスティックな欲望に還元され、それにもとづく戦争の遂行に敗北の責任が帰せられている。また、戦場と前線兵士の現実を無視した冷酷な命令を彼らが下し、またそれを盲目的に遂行することによって自国軍に大量の犠牲者を生み出したことが強調されている。こうして、ナチ体制を代表するこれらの人物はいわば事後的に「外部」=「非国民」化されているといえよう。

狂信的なイデオロギーや私利私欲に基づく判断を下していた政治的なナチスに対して、理想像として描き出されているのは、公平無私で、専門的知識にもとづいた人道的な判断を下す非政治的なスペシャリストである。映画のなかでロンメルは無意味な犠牲者を出さないために軍事面では素人のヒトラーの命令を拒否したが、ヒトラー暗殺計画への参加を要請された彼は「ベルリンで行われていることに私は関知しない。私はいつまでも兵士であって、政治家ではない」(独語版の吹替え)と言って政治活動への直接的な関与を断っている。この種の発言は終戦直後にナチズムとの関与を問われた市民の多くが語っていた弁明(「私は政治とは無関係だった」)と類似しており、その意味で「国民の声」を代弁していたといえよう。『08/15』の三部作でも、ナチ的人物は出世と権力のために戦闘の続行を判断するが、フォン・プレーニスとアッシュは最終的な敗北を的確に予測して、無駄な犠牲を食い止めようと努めている。このような非政治的なスペシャリストの理念がもっとも明確にあらわれている戦争映画の一つが、スターリングラード戦以後のドイツ人捕虜を描いた『スターリングラードからの医者』(五七年)であろう。脳外科を専門とする元ヴュルツブルク大学教授を主人公とするこの映画は、この主人公が捕虜収容所の非人道性と闘いながら、医師としての技能を駆使して捕虜たちの生命を守り、最終的にその解放に貢献していくという英雄物語である。彼はイデオロギーやナショナリズムのためではなく、医学のスペシャリストとして捕虜たちの生命を守ることを使命として司令部と闘っている。

以上のように、戦争そのものの意味や、戦争を通して祖国に身を捧げることの意味はこれらの映画では問われることはなかった。むしろ、二分法によって〈人道的なスペシャリスト集団〉や〈「まっとう」な上官・軍人〉、〈犠牲者〉に組み入れられた国防軍兵士は、この戦争で献身的かつ勇敢に戦い、戦死している。スクリーン上では国防軍兵士は無謀な命令や非専門的な戦術の犠牲者になり、その行為は政治やイデオロギーとはまったく無関係であったが、ナチスは彼らが命をかけた戦争を政治とイデオロギーによって汚したのであった。

こうして戦争映画は、敗戦という意味で結果的には無意味であったが、祖国のために身を捧げていた愛国的な能動的犠牲者は誰であって、祖国と国民に犠牲を強い、最終的に祖国に背を向けた「非国民」は誰なのかを、西ドイツ国民に明確に示していたのである。換言すれば、この能動的な犠牲行為(Sacrifice)はナチズムによる受動的犠牲者(Victim)であるための条件、したがって西ドイツの「犠牲者共同体」に加わるための条件であった。

3 「汚れなき(sauber)」国防軍[18]の「汚れなき」戦争

このような〈イデオローグvsスペシャリスト〉の評価の対立は、戦争犯罪者裁判の判決に関して一九五二年に行なわれた世論調査では〈イデオローグvs国防軍〉の評価の対立としてあらわれている。すなわち、ヒトラー・ユーゲントの指導者であったシーラッハには市民の四分の一が懲役二〇年の判決の正当性を認め、不当とみなした市民の割合は四割をこえていなかったのに対し、旧元帥であるデーニッツやケッセルリンクへの懲役一〇年と無期懲役(二一年に減刑)の判決を市民の一割以下が正当、六割以上が不当とみなしていたのである。[19] 国防軍は兵役義務のあった当時の成人男性の大半がかかわった第三帝国における最大の組織であった。それゆえに、この組織をナチズムの政治的目的を達成するための人種主義的な殺人集団とみなし、その兵士をこの目的を達成しようとした戦争犯罪集団とする歴史解釈は、その組織のなかで精力を費やし、生命を賭した人生期とそこで受けた犠牲、とくに死から意味を剝奪するものであり、旧国防軍兵士とその家族、とくに戦没者遺族にとって耐えがたいものであった。実際に、五三年の世論調査で「先の戦争のドイツ兵は占領国におけるその態度に関して何らかの非難をされうるか」の質問に五五%が「いいえ」と答え、「部分的に」は二一%で、「はい」と肯定したのは六%にすぎなかったのである。[20]

そのためこの当時の戦争映画では、敗北の責任は問われてはいても、戦争の目的や可否そのものについてはほとんど問題にされていない。[21] ロンメルは敵国の兵士にとっても尊敬できる軍人であり、『08／15』の第一部でも主人公アッシュは時代遅れの軍隊制度には反抗するが、軍隊と戦争そのものを疑問視してはいない。『08／15』の第二部では独ソ戦が扱われているが、人種主義的な征服戦争を示唆するような描写はあらわれていない。ここで問題とされているのは戦争そのものではなく、あくまで軍人と軍隊の「08／15」(旧式)的な性格である。『犬どもよ』でも、独ソ戦を人種主義的な構想にもとづいたナチス・ドイツ軍の征服戦争としてイメージさせる演出はなされていない。それどころか主人公のヴィッセ中尉はカティアというロシア人女性のドイツでの強制労働が回避されるように尽力し、また彼女もロシア軍陣地に迷い込んだ彼を救い出している。さらに、ロシア人の貧しい農家に宿営した主人公たちはその家族に食糧を提供して感謝されており、国防軍兵士は非武装の文民を巻き込むことがない武装集団である。この映画で問われているのはあくまでスターリングラード戦の敗北とその悲惨な結末の責任であって、ドイツ軍がソ連で行った戦争自体ではない。つまり、〈なぜ戦争をしてしまったのか〉ではなく、〈なぜこの戦いは負けてしまったのか〉、〈悲惨な結末をもたらした戦術上の決定を下したのはだれか〉という問題をめぐってこれらの映画は展開されているのである。

このように映画のなかで描かれていたのは、戦術的に間違っており、それゆえに苛酷で、悲惨なものであったとしても、やはり「普通」の戦争であった。たとえそこで人種主義的な絶滅政策が遂行されていたとしても、それは国防軍とも、戦争とも関係がなく、少数の狂信的なナチ・イデオロギー集団が行なった犯罪行為であった。五回シリーズの歴史ドラマ『シュプレー河の緑の岸辺で』（F・ウムゲルター監督）の一回目として六〇年にテレビで放映された『ユルゲン・ヴィルムスの日記』[22]はユダヤ人大虐殺を描いた点で画期的なものであったが、それでもこの解釈の枠組みを出ることはなかった。この物語は、五四年に西ベルリンの酒場で旧友が再会するシーンから始まる。遅れてロシアから帰還した男性は、まだ捕虜としてロシア領土に残っているヴィルムスから日記を密かに持ち出すことを依頼され、成功した。その日記が酒場で読み上げられ、ドラマの場面は四一年の東部戦線に移っていく。ヴィルムスらは、飢餓状態のユダヤ人の子供に食糧を与えようとしたが、ナチ的な下士官はそれを取り上げるよう命令し、反抗すれば処罰すると脅迫した。これに対してヴィルムスらは命令を拒否し、ほかの兵士もヴィルムス側についた。そこに二人の将校が介入し、命令は絶対であるが、住民の餓死は戦闘行為にならないと、それぞれを諭すことでこの件は収まった。その時にヴィルムスは若いユダヤ人女性と出会い、恋心を抱いてしまう。その後、激しい戦闘のなかで敵軍の戦車を爆破するなど功績をあげたヴィルムスは、親衛隊から立入りを禁止された区域に無許可で入り込み、大量射殺の現場へ連れて行かれるユダヤ人の長い隊列に出くわした。そこで彼は一目惚れしたユダヤ人女性の姿を発見してしまうのである。彼は彼女にこの隊列から抜け出す策を提案するが、彼女は家族から離れることを拒否し、死に向かう列に戻ってしまう。こうして彼女を含めた数百人のユダヤ人が大きく掘られた穴のなかに押し入れられ、親衛隊の命令で次々に射殺されていった。それを目撃してしまったヴィルムスは憲兵に発見されたが、逃走し、戦友に守られて帰還することができた。

このドラマでは、ナチスによるユダヤ人の大量射殺のシーンがほぼ二〇分にわたってテレビ画面に映し出されたが、一方で戦場のシーンではヴィルムスをはじめとする一般の国防軍兵士は勇猛に戦っており、実際にヴィルムスは戦果をあげている。しかしそれ自体が否定的に扱われることはまったくなく、そこで傷つき、倒れた兵士は能動的犠牲者として描かれているのである。彼らはナチス・親衛隊集団のユダヤ人に対する差別・迫害に怒りを表現し、「国防軍は党員養成学校ではない」と叫んで、国防軍がナチズムとは無関係の集団であることを強調する。そして、大量殺戮の現場は国防軍にとって異空間であり、ヴィルムスはそこに偶然にも侵入し、他者としてその犯罪を目撃し、その異空間から追われて、国防軍の領域に逃げ帰ることになる。こうしてホロコーストはナチス・親衛隊集団だけの犯罪として描かれ、ここでは国防軍とその兵士は「汚れなき」姿を保ちつづけているのである。

4　脱走兵・兵役拒否者と司法権力

ナチスが政治的存在として非国民化される一方で、一般兵士が「汚れなき」軍隊と「汚れなき」戦争のなかで国家に命を捧げた非政治的な能動的犠牲者として記憶されることの意味を、脱走兵と兵役拒否者の問題を通して考察してみよう。

第二次世界大戦におけるドイツ人の脱走兵に関しては、その数だけではなく、処罰された兵士の数も正確にはわかっていない。歴史学者のM・メッサーシュミットとF・ヴュルナーの算定によれば、「脱走」のために三万五〇〇〇人が有罪判決を言い渡され、そのうち二万二七五〇件の死刑判決が下され、その六割以上の一万五〇〇〇件が執行されたという[23]。執行されなかった判決の多くは「前線での執行猶予」(戦死を前提にした戦闘行為に従事するための猶予)という形で実質的に執行された。第二次世界大戦でイギリスでは四〇件、フランスでは約一〇〇件、アメリカでも百数十件の死刑が執行されたが、そのうち「脱走」を理由に執行されたのはアメリカの一件だけであるから[24]、西側諸国と比較してナチス・ドイツがこの問題にいかに厳しく対処したかが理解できよう。「脱走はまさに脱走兵が逃れようとしたこと」、すなわち死を必ず受けることによってのみ、「臆病な若者」も義務を遂行できるようになるという文章につづいて、「前線では死はありうることだが、脱走兵は死ななければならない」[25]とヒトラーは『我が闘争』で述べているが、この一文が――捕虜問題に関する日本の「生きて虜囚の辱めを受けず」と同じように――脱走兵問題に関する実践基準を設けることになった。

一九三九年末、つまり第二次世界大戦の開戦直後に発効した「軍事特別刑法令」[26]は「国防力破壊工作」に対して死刑などの厳罰で臨むことを明記したが、「兵士や予備軍身分にある兵役義務者を上官に対する不服従や反抗、暴力行為へと、あるいは脱走や不許可の離脱へとそそのかす者」がその「工作」の遂行者とみなされたために、「脱走者」への刑罰が強化されただけではなく、刑罰の適用範囲も広がった。さらにこの刑法令は「ドイツ国防軍と同盟国軍において兵役義務の遂行を拒否することを公的に求め、あるいはそそのかす者」も「工作」の該当者としたため、兵役拒否者は死を覚悟しなければならず、実際に多くがこの刑法令の犠牲になった。その最大の犠牲者集団が、信仰上の理由から兵役だけではなく、戦争に関連するすべての奉仕労働を拒否し、それゆえに第三帝国で禁止されていた宗教団体「エホバの証人」であった。

ナチスの政権獲得当時にドイツ国内にはこの信仰集団は二万五〇〇〇人から三万人の信徒を保持していたが、この集団はナチ体制の権威を認めず、ナチ式敬礼を拒否していた。そのため、とくに三五年に徴兵制が導入されたことで、エホバの証人への迫害は強化され、この年に強制収容所への収監が大規模に行われるようになった。強制収容所ではユダヤ人(黄)、政治犯(赤)や同性愛者(ピンク)、反社会分子(黒)とならぶ特別なカテゴリーとしてパープルの色で識別されていたが、その収容数は二〇〇〇人以上を数え、戦前において総収容者の五～一〇%を占めていた。ナチ体制下で最終的に約一二〇〇人のエホバの証人信徒が命を落とし、そのうち二七五人以上の死が兵役拒否のために軍法会議で下された死刑判決によるものであった。(27)

ここで、脱走や兵役拒否を理由に死刑判決を受けながらも、第三帝国を生きのびることができた二人のドイツ人の戦中・戦後を紹介してみよう。一人はL・バウマン。(28)彼は開戦後に兵役に就き、四二年にフランスで国防軍を脱走して逮捕され、ボルドーで死刑判決を受けた。強制収容所に移送された彼は、別の強制収容所に送られるまでの四カ月の間、死刑判決が七週間後に一二年の禁固刑に減刑されていたことを知らず、監視員が囚人房の前を通り過ぎるたびに死の恐怖に脅えつづけた。その後、「前線での執行猶予」のために危険地区に出征を命じられたが、ソ連の捕虜として生きながらえることができた。[29] ハンブルクに帰還してから、バウマンはアルコール依存症に陥るような頽廃した生活を送るが、やがて平和運動にかかわるようになり、九〇年には「ナチ軍事司法犠牲者全国協会」の設立を主導し、その代表を務めることになった。

もう一人はエホバの証人の信徒、H・シュタインアードラー。彼はその宗教団体に所属していたという理由で二年の禁固刑を受け、三八年までその刑に服していたが、開戦後に兵役拒否のためにふたたび拘禁され、数日後に「国防力破壊」の罪で死刑判決を受けた。しかしこの刑は禁固一〇年に減刑され、連合軍に解放されるまで刑務所で過ごした。ソ連占領地区に居住したシュタインアードラーは、東ドイツ国家によって信仰を理由に五〇年から六〇年までふたたび拘禁された。出所後、ハンブルクに移り住んだ彼は、信仰のために受けた拘禁に対して賠償を請求し、獲得に成功したが、兵役拒否のために受けた拘禁に対する賠償は認められなかった。そのため彼は裁判を起こしたが、裁判中に死亡する。妻がその裁判を継続したが、六四年に下された判決で敗訴した。[30]

生き残ることができた脱走兵は、戦後世界においても「臆病者(Feigling)」、「卑怯者(Drückeberger)」、「戦友豚(Kameradenschwein＝戦友意識のない兵士)」、「売国奴(Vaterlandsverräter)」などのレッテルを貼りつづけられ、差別と憎悪の対象となった。[31] 闇市で脱走兵としての素性を話したバウマンは殴り合いになり、警察に駆け込んでも、そこにいたのは「ヒトラーのもとで犯罪に手を染めた予備警察大隊」出身の人びとであったという。この人たちは彼に激しい暴力をふるい、父親の家の窓ガラスを叩き割った。バウマンは「破れかぶれ」になって脱走兵であったことを公言したが、ほかの旧脱走兵はその過去を沈黙しつづけ、知られると転居しなければならなかったという。[32]「かつての戦士は、いつも戦死した戦友のことを思い出していて、脱走兵は彼らを裏切ったのだと思っているのです」と、バウマンは脱走兵に対する憎悪のわけを説明している。[33] また、脱走兵に貼りつづけられた差別的なレッテルが与えた精神的重圧を次のようにふり返っている。

「戦後、みんなから臆病者だ、卑怯者だなどと言われると、最後には自分がそうだったのだと思ってしまうのです。私はアルコールにおぼれてしまい、数十年間もアルコール依存症になっていました。そして私たちが一九九〇年に意気相投じて〔ナチ軍事司法犠牲者〕全国協会を創設できたときに、私たち三七人の男性と一人の女性は、ほとんど全員が衰弱しており、ほとんど全員が貧困に陥ったままでした。私たちはみんな社会とのつながりを見出すことができなかったのです。そしていま私たちにとって重要なことはもちろん賠償でもあるのですが、なによりも正しかったと認められることであり、尊厳を取り戻すことなのです」。[34]

戦争への能動的犠牲を前提とする共同体のなかで旧脱走兵が居場所を見出すことがいかに困難であったのか、バウマンは生々しく語っているといえよう。ナチスは名目的に非国民化されたが、脱走兵は実質的にも非国民のままであった。一方、第三帝国において死を覚悟しなければならなかった兵役拒否者は、戦後世界においてある程度は許容できる存在となった。というのも、五〇歳以下の男性を対象にした五一年の世論調査[35]で、三分の二が戦時兵役を拒否する個人的意志(「きっとする」＝三五％／「おそらくする」＝二九％)を表明しており、戦時兵役拒否の許容の賛否を問う五三年一二月から五五年三月までの三度の世論調査[36]でも、ほぼ半数が許容に賛成している(反対は三割台)からである。これは前述した敗戦にともなう「うんざり」感の表現であるとも解釈できる。そして現実に「基本法」(西ドイツおよび統一ドイツの憲法)は良心に反して兵役を強要されないことを明記しており、徴兵制が導入されると兵役に代わって福祉業務などの代替役務に就くことが可能になった。しかし、同じ兵役拒否であっても、もう二度と犠牲を払いたくない未来の戦争と、すでに多くの犠牲者を出した過去の戦争とでは評価は異なった。「エホバの証人」信者シュタインアードラーの裁判に対する六四年の判決[37]はこのことを如実にあらわしている。ここでは兵役拒否に対して下された死刑判決が全面的に肯定されているからである。

では、六四年判決を検討してみよう。この判決では兵役拒否者への死刑判決が合法的な司法措置としてみなしうるのかが問題となっているが、このことは「第三帝国」が「法治国家」であるのか、「不法国家」であるのかという国家の本質の問題とかかわっていた。まず、この死刑判決も法令に基づいて下されており、その意味で合法であるのだが、この法令がそもそも「法」の名に値しないものに基づいているとき、その法令に従った判決も不法とみなしうる。つまり、個別の法令の合法・不法性を判断するためには、戦後にこのことを問題にした法学者のラートブルッフの概念をふたたび用いれば「法令の上に立つ法」[38]の理念、あるいは六四年判決で用いられた概念でいえば「国法に優先する高次の法原理(dem staatlichen Recht vorgehenden höhere Rechtsgrundsätze)」[39]が持ち出されなければならない。特定の宗教団体への帰属という信仰上の理由で下された禁固刑が違法判決であるとシュタインアードラーが訴えた以前の裁判では、信仰の自由を保障する「法令の上に立つ法」に反する法令に基づいていると判断されたために、彼に賠償が認められた。しかし、戦時兵役拒否のために受けた死刑判決に賠償を求める六四年の裁判で下された判決では、国家が兵役拒否を罰する法令が合法かどうかという問題は明確に答えることができないという理由で、賠償は拒否された。まず、兵役拒否を罰する法令はナチ時代のドイツだけではなく、ほかのヨーロッパ諸国にも存在する。また、この死刑判決は、政治・宗教・世界観上での敵対関係ではなく、このような刑罰を科すことが「戦争においてドイツ民族の抵抗力を守るためには必要であったという確信」によってのみ下された。したがってこの法令と判決に違法性はないのだという。[40]

さらに、抵抗権に関してもナチ国家の「法治／不法」性が問題とされた。国家が暴力支配を行使している不法国家である場合に、「法令の上に立つ法」によってこの国家に抵抗する権利が市民に付与され、この抵抗に対する処罰は違法とみなされる。つまり、シュタインアードラーの兵役拒否がナチスの暴力支配に対する抵抗と認められるときに、彼が受けた死刑判決は違法となる。しかし六四年判決は彼の兵役拒否を抵抗権の行使として認めなかった。まず、エホバの証人はどの国家の兵役も拒否しているのであって、その国家が法治国家か、不法国家かという問題と兵役拒否は無関係である。「第二次世界大戦で戦時兵役を拒否したエホバの証人がその拒否によってロシアで共産主義と、イギリスで民主主義と戦っていたのではないと同じように、ドイツでナチズムそのもの、つまりその特別に犯罪的な政治・イデオロギー的な目的設定と戦っていたのではない」。また、ナチスが引き起こした戦争は国際法に違反する侵略戦争であったから、その戦争で兵役を拒否することは抵抗権の行使に当たるという解釈も、この判決は否定した。兵役拒否に抵抗権、すなわち「戦争が正当であるか、不当であるのかを決定し、それに応じて兵役を行う公民の義務を果たし、あるいはその義務を果たすことを拒否する権利」を認めることは、国家を深刻な危機にさらすという意味で、その「自己放棄」に他ならないからだという。(41)

この判決は最後に、ナチスの戦争が国際法に違反した犯罪であることを認めながらも、そこから「この戦争に参加したために個々人が犯罪を行ったと結論づけられる」ことを危惧している。戦争行為にナチス・ドイツの側に立って参加したというだけで道徳的に非難されることは賠償法では想定されておらず、「戦争によっても正当化されない人命の絶滅」をめざした軍事的出動による迫害にのみ賠償は要求されうるとこの判決は主張した。逆に言えば、ホロコースト以外の殺害行為は正当化されうるのであり、「道徳的正当化を欠いているわけではない」ということになる。ナチスの戦争が犯罪的な侵略戦争であると非常に多くの人が確信していたが、「それでもこの人びとは召集命令に従い、その兵士の義務を果たした」のだという。(42)もし過去の戦争に身を捧げることを拒否したことが許容され、この拒否者が不法国家の犠牲者やこの国家に対する抵抗者として評価されるとすれば、身を捧げて犠牲となった者は浮かばれないという本音をここから聞き出すことができよう。国防軍とその戦争が「汚れなき」ものなら、その兵士も「汚れなき」能動的犠牲者として記憶されなければならなかった。

5　濃縮された暴力の記憶

この章のまとめとして、戦争の記憶が敗退期の戦闘や出来事に、とくに東部戦線やスターリングラード戦の敗北に濃縮された理由を考察してみたい。なぜ、同じように敗退期の転換点として重要な戦いであったノルマンディー上陸の戦いではなかったのだろうか。

まず、スターリングラードの戦いがナチ体制の〈おわりのはじまり〉であると同時に、戦後体制の〈はじまりのはじまり〉として意識されたことが理由としてあげられよう。その意味で、ドイツ軍を打ち破った赤軍のこの戦時暴力は西ドイツ戦後体制にとって「はじまり」の暴力、すなわち「神話的暴力」であった。しかし、西ドイツ体制はこの暴力を、東ドイツ体制のように自らの法と秩序を正当に措定したものとして受け入れることはできなかった。そのため、冷戦対立のなかで生み出された西ドイツ体制はスターリングラードの敗北やベルリン陥落の原因を、ナチズムに対する共産主義のイデオロギー的優位にも、ソヴィエト体制における軍隊や兵士の能力・士気の優勢にも帰することはできなかったのである。逆に、西部・アフリカ戦線の敗北の原因が西側連合国の自由・民主主義的なイデオロギーの優位や軍事的能力や士気の優勢に求められたとしても、まったく問題はなかった。その意味で、敗退期の東部戦線とスターリングラードの戦いをどのように記憶するのか、この問題は西ドイツ体制の措定と維持にとって重要な役割を担っていたのである。

　結局のところ戦争映画などを通して公的に表象された戦争末期の東部戦線とスターリングラード戦は、共産主義体制の優位を示す正義の戦争でも、ナチス指導下の国防軍によって遂行された人種主義的な侵略戦争でもなく、独ソの国民が祖国のために能動的に戦った「普通」の戦争であった。そして、国防軍を自らの悪しき意図で悪用したナチ幹部が政治的で、非専門的で、エゴイスティックな間違った戦術によってこの戦争を遂行したという物語のなかで、戦争の結末はドイツ国民が不当に被ってしまった暴力として記憶されることになった。この暴力の結果としてナチズムの国家は共産主義の国家に敗北し、ナチ体制は崩壊したが、それは共産主義によるドイツのナチズムからの解放を意味せず、共産主義の勝利は戦術的なものであって、政治・イデオロギー的に正当であるとは認識されなかった。この「神話的暴力」によって東西に分断され、東部は共産主義者による傀儡政権によって支配されたたドイツの戦後体制は措定・維持されたが、この戦後体制は克服されるべきものとして西ドイツ体制から意識されていった一方で、この末期の戦争が「はじまり」の暴力として記憶されることによって、西ドイツ体制は反ナチ・反共産主義の反全体主義を「法令の上に立つ法」として措定・維持することができた。

この濃縮された記憶は同時に、ほかの戦争の記憶を薄める役割を果たした。まず、西側連合国との戦争の記憶が薄められた。別言すれば、西ドイツ体制は西側連合国、とりわけアメリカ・イギリスとの敗退期の西部・アフリカ戦線での戦いを「神話的暴力」として選択しなかったのである。敗北がほぼ確実となった時期に、赤軍の侵攻と占領を前にして多くの兵士と市民たちは西側連合軍をむしろ歓迎し、その進軍は記憶のなかで「暴力」としての意味さえ失っていた。それゆえに「ノルマンディー」は「スターリングラード」のような意味を持ちえなかった。米英軍との戦いは地上戦ではなく、むしろドイツの諸都市を瓦礫と廃墟に化した空襲として記憶に刻み込まれた。この空襲の記憶に関しては次章で詳しく検討するが、英米軍の「暴力」はソ連軍のものとはまったく違った意味をもったのである。

さらに、この濃縮された記憶によって、攻勢期や守勢期の戦争の記憶も薄められた。まず、攻勢期の戦争はその連戦連勝のために、守勢期の戦争は挽回の可能性が信じられていたために、侵略戦争として、その兵士は加害者として認識されうるものであり、戦後においてその戦闘行為は正当化されえないものであった。また、この段階でナチ体制はまだ「外部」に位置づけられず、戦争はナチスと国民が一体となって遂行されたのである。そのため、〈エゴイスティックな政治的イデオローグであり、「汚れた」戦争＝ホロコーストに加害責任を負う「汚れた」ナチス〉と〈ヒューマニスティックな非政治的スペシャリストであり、「汚れなき」戦争で能動的犠牲者となった「汚れなき」国防軍と一般兵士〉の対立構図のなかでこれらの時期の戦争を記憶することは困難であった。そこで行使された暴力は、ナチ体制の維持・強化に貢献したとしても、その記憶は西ドイツ体制には意味の薄いものだったのである。

一九八六年に行われた第三帝国と戦争の体験者とのインタビュー調査(43)は、この点で興味深いデータを提供している。この調査に応じた旧兵士は、全員が兵士身分であることに特別に批判的な距離をとったり、ドイツの戦争遂行を不当・不法として拒否したりすることはなかったという。彼らにとって兵士身分であることは自分が「非政治的」、すなわちナチ・イデオロギーと無関係であったことを証明しており、彼らはその意味で兵士時代を回顧している。つまり、兵士になることで、彼らの居場所は「ナチ国家」から「祖国」に移り、その「祖国」のために戦うことで彼らはナチズムとは関係のない愛国者として自分の過去を位置づけることができたといえよう。そのため、とりわけワイマール期からナチズムに傾倒し、あるいはその運動および体制に支持・共感していた者は、この「政治期」におけるナチズムとの関わりを些末化するために、ナチ期の記憶を兵士時代に濃縮する傾向にあるという。

この調査で明らかにされたような記憶のあり方が終戦後から一貫して続いているものであるのか、確認はできない。しかし、「ナチ国家」の受動的犠牲者ではあったが、共産主義と敵対する「祖国」に対して能動的犠牲者として役割を果たしたという意味で、この戦時暴力の濃縮された記憶は西ドイツ体制を維持する機能を果たしていたといえよう。その「神話的暴力」の記憶のなかで、能動的犠牲者となって国民共同体に「債務」を返済する「約束することができる動物」(ニーチェ)になることが要請されていたのである。

しかし、すでにこの調査の時点で戦争の公的な記憶はすでに大きく変化しつつあった。その五年後には処刑された脱走兵の妻にはじめて賠償が認められ、七年後にはスターリングラード戦をテーマにした映画が新たな戦争像を描き出し、九年後には国防軍の戦争犯罪を暴露する展示会によって「汚れなき国防軍」の神話が崩壊していくことになる。これに関しては第4章で考察してみることにしよう。

第2章

苦難からの復興
――空襲の記憶

1 「タブー」としての空襲の記憶?――ハンブルクとドレスデン

一九七〇年代末におもにハンブルク市民を対象に行った聞き取り調査で、空襲を体験したある女性は、一時休暇で除隊し、たまたまハンブルクに帰省していた夫と義兄が四三年の空襲に遭遇して度肝を抜かれていたことを思い起こし、「ハンブルクで空襲に見舞われると、どんな事態になるのか、兵士にはとても想像できなかったのですよ」と述べている。「前線の状況よりもひどかったかもしれないということですか」という質問に彼女の夫は「あぁ、ひどかった」と答え、妻は「なんてこった、これは何なんだ、これは何なんだ、って思うしかなく、震え上がっていたようでした。砲弾の轟き、爆弾が落ちたときにそれは、足元から突き上げるように轟いていたのです」と述べて、その体験を代弁している。(1)

ここから空襲体験の特殊性を理解することができるであろう。すなわち、空襲が本格化されるにしたがって、戦闘状態にある「前線」とその後方支援の場としての「銃後(故郷戦線)」の区別は失われ、銃後にいた非戦闘員としての市民も、ある意味で前線以上に苛酷な戦争体験を強いられることになった。たしかに、前線がドイツ国内に入り込み、銃後空間において戦闘が展開されるようになることでも、前線と銃後の境界線は消えた。その意味でこれらの戦闘は、軍人と民間人、あるいは兵士と市民の区分が不明確になっていく二〇世紀の戦争を象徴する戦時暴力となった。しかし、前線での戦闘や銃後での地上戦では、武器を手に取り、あるいは駆け引きや敵の裏をかくといった行動によって、能動的にその状況に対処することが可能であった。ところが空襲においては、制空権が奪われてしまうと、そのような能動的な行動をとる余地は失われ、防空壕に身をひそめた非戦闘員はただただ爆弾と焼夷弾が頭上に落下しないことを祈るしかない。爆死や窒息死、焼死の運命にひれ伏してしまうのか、その運命から逃れることができるのか——それは偶然の問題となった。このような徹底した受動性が空襲体験の特徴である。

第5章で詳述するように、この空襲体験は九〇年代以降に公的にさかんに想起されることになった。それと同時に、それまでこの体験を語ることはタブーだったという言説も広まっていく。この「タブー言説」の浸透にもっとも貢献したのは、文学者のW・G・ゼーバルトが九七年にチューリッヒ大学で行った講演「空襲と文学」であろう。この講演は大きな反響を呼び、その内容は九九年に刊行(〇八年に邦訳)された単行本『空襲と文学』において公表された。そこでゼーバルトは戦後における空襲体験のタブー化を次のように指摘している。

「ドイツ全土が陥っていた物心両面にわたる破壊の実態は、万人にあてはまる暗黙のうちに同意された取り決めによって、記述されることが許されなくなりました。ドイツ人の大多数がともに体験した破壊の最終幕のもっとも暗澹たる部分は、こうして一種のタブーに取りつかれてしまった恥ずべき家族の秘密でありつづけ、その秘密は自分自身にすら打ち明けられえないものとなったのです」[2]。

二〇〇三年に『シュピーゲル』誌が空襲の特集を組んだときにも、ドイツ社会は空襲の歴史を「半世紀以上にもわたって臆病にも避けてきた」ことが指摘され[3]、さらに同誌は〇五年に「ドイツ人が空襲や追放において犠牲者であることはもはやタブーではなくなった」[4]と、ドイツ社会がその呪縛からようやく解かれたことを指摘している。これらの言説では、タブー化をもたらした原因としておもに二つのことがあげられている。第一に、復興のなかで過去を振り返ることは許されず、「再建は国民をこぞって未来に向かわせ、かつてわが身に出来したできごとに沈黙を強要した」[5]ために、「瓦礫の下に埋められたものすべてを抑圧する」ことが要請された[6]。第二に、その後には戦争責任やホロコーストなどに対する「自分の罪の意識が自分の痛みと取り組むことをはねつける」[7]ことになった。語ることを許されたのは抵抗者と被迫害者であって、「加害者の側に立って——たとえ渋々であったとしても——職務をともに遂行していた他の人たちは、沈黙の掟を感じとった」[8]のだという。

しかし、ドレスデンとともにドイツでもっとも甚大な被害をこうむったハンブルクの戦後史をふり返るかぎり、空襲のテーマが公的にタブーであったとはまったく言い難い。この都市では一九五〇年代に空襲犠牲者を追悼するための記念碑が建立され、そこを舞台にして追悼集会が定期的に開かれているからである。ではどのように空襲体験は想起されていたのか、ハンブルクを事例にして具体的に検討してみよう。四三年七月から八月にかけて実行されたイギリスの「ゴモラ作戦」によって約四万人の空襲犠牲者を出したといわれるこのハンザ都市では、「ハンブルク空襲犠牲者のための顕彰碑」が郊外のオールスドルフ墓苑に彫刻家G・マルクスの構想によって建立され、五二年八月に除幕式が行われた。その日はすべての公共施設で半旗が掲げられ、すべての学校と役所は休みとなり、企業にも休業が要請された。ハンブルクのすべての教会による鐘の音、そして二分間のすべての交通の停止による静寂が添えられたこの式典には、二人の連邦大臣、ブレーメンとリューベックの市長、カトリックとプロテスタント両派の聖職指導者をはじめとして約二万人以上が参加し、ハンブルク市長、連邦議会議長、市議会議長らが演台に立った。その様子はハンブルク史上初めてテレビでライブ放送されたのである。[9]

この式典でM・ブラウアー市長（社会民主党）は演説のなかで、ハンブルクの空襲犠牲者は「なぜみんな死ななければならなかったのか」と問いかけたが、[10]その答えは当時、けっして自明なものではなかった。建立された記念碑の壁龕に収められた七体の人物像（図表2-1）[11]はそのことを如実に示しているようだ。そこに表現されているのは、ギリシャ神話に登場する神格的存在であるカロンに導かれて冥府の川を渡る六人の死者である。しゃがみこみ、頭を抱えて絶望している老いた男性、視線を落として寄り添う若い男女、スカートに沈めた幼子の頭を守ろうと手を添え、目を伏せている母親、舳先に立って行き先をじっと見つめる中年の男性――これらの老若男女は生が突然に中断されてしまったことに呆然とし、その死の意味を見出すことができないまま黄泉の国へと向かっている。作者のマルクスによれば、空襲犠牲者は殉教者として理念のために死んだのではなく、「男性も女性も、子供もすべてが、多くの墓の十字架にくり返されているなぜという問いに答えることなく、抹殺の狂気に巻き込まれた」ことがこの記念碑で示されているのだという[12]。

これとはまったく対照的な形態をとっているのがドレスデンの空襲犠牲者の記念碑[13]である。戦後に東ドイツに帰属したドレスデンでは、空襲被害者の多くが埋葬された荒野《ハイデ》墓苑が追悼の場となり、そこにはファシズムの犠牲者のための記念碑も建立されていたが、六五年にはこの二つの犠牲者の記念碑を結びつける中央に「顕彰庭園の円形広場」が建立された。その広場には犠牲者のための鉢を中心

図表 2-1

図表 2-2

にして一四の石柱が配列され、右半分に「アウシュヴィッツ」や「ザクセンハウゼン」など七つのナチ強制収容所の名前が、左半分には「コヴェントリー」、「レニングラード」、「ロッテルダム」、「ワルシャワ」、「オラドゥール」、「リディツェ」、そして「ドレスデン」の都市名が刻まれた(図表2－2)。こうして英米両国によって行われたドレスデン空襲は、強制収容所におけるユダヤ人の絶滅政策やナチスの戦争犯罪と同列に扱われたのである。この円形広場からドレスデン空襲の犠牲者に捧げられた追悼碑へ通じる道の左右に、次の碑文を刻んだそれぞれ四つの石碑が据えられた。

「私たちは平和のための闘いで亡くなった人びとに敬意を表する／この死者は私たちに警告するために生きている／平和のために生きることが私たちへの要求／生が勝利するために死者を想起せよ／戦争ではなく、労働が人間に栄冠を与える／平和は死と戦争に打ち勝つ／お前たちは私たちが築き上げるもの(Aufbau)のなかで生きつづける／ここで起きたことを二度とくり返すな、これこそ私たちの誓いであれ」

ここでは空襲犠牲者の死の意味が明示されている。この記念碑は資本主義がもたらした「ファシズム」の犯罪を告発する主体として犠牲者を立ち上げ、その死に意味を与えているからである。こうして死者は、未来が構築されるための礎《いしずえ》となり、その意味で現在においても「築き上げるもの」のなかで生きていることになる。

五二年に旧落下傘部隊将軍H・B・ラムケが旧親衛隊の集会で、真の戦争犯罪者は「戦略上の理由もなく全都市を破壊し、広島に爆弾を落とし、新しい原子爆弾を製造している」者だと演説した(14)が、同年に行われたアメリカ軍による世論調査によれば、この発言を本質的に正しい（三一%）、少なくとも部分的に正しい（二五%）と評価するドイツ市民が過半数をこえ、否定する者は四分の一にすぎなかった。(15) ドイツのアレンスバッハ世論調査でも、四六%の市民がこの発言に共感している。(16) 市民感情として英米を戦争犯罪人として告発する記念碑の設立は可能だったと言えるが、共産主義勢力の脅威に対する保護者として英米両国と同盟関係を結んでいた西ドイツは、東ドイツのように公的にその軍事行動をナチ犯罪と同一視することはできなかったのである。

2　「復興物語」としての空襲の記憶

では、「なぜみんな死ななければならなかったのか」というブラウアー市長の問いにどのような答えが導き出されたのであろうか。彼自身はその問いに、「私たち国民が自由を失ったから、私たちは非人間的な独裁者によって畜殺台に連れてこられたのです。異国の都市に爆弾と火の雨を降り注いだそのあとに、私たちの都市が焼失したのです」と答え、「こうして私たちの死者は、新しい独裁者を私たちのところへ来させるなと警告している」と死者の声を代弁している。ドレスデンの記念碑とブラウアー市長の演説はともに空襲の暴力を告発しているが、前者がナチス・ドイツとアメリカ・イギリスを同一視する「ファシズム論」にもとづいた物語を展開しているのに対して、ブラウアーはナチズムと共産主義に同じ独裁制を見る「全体主義理論」に立脚した物語を構成している。空襲犠牲者の死を無駄にしないために「危険を認識してもらいたい！　人間は自由と権利を放棄するや自己破滅の道を歩むことをもう知っていただきたい！」と彼は訴え、この警告を発するために死者を現在に蘇らせようとしているのである。[17]

一方で、同じ演壇に立ち、かつて高射砲師団の一員としてハンブルク空襲を実体験した連邦議会議長のH・エーラース（キリスト教民主同盟）は異なる物語を打ち出した。彼は「私たちドイツ人は、非常に悲痛なものではあるけれども、この殲滅（Vernichtung＝絶滅）をもろに体験したことにおいてほかの国民から抜きん出ている」と、空襲による戦争被害の甚大さを強調しているが、それはドイツの戦争犯罪の相対化だけを目的にしていたわけではない。むしろ彼が強調しているのは、その困難を通してハンブルク市民とドイツ国民が示した「自己犠牲と秩序意志」と、そこから生じた共同体意識である。つまり、ハンブルク空襲の目的は軍事的なものというよりも、市民の抵抗力を打ち破り、その生を破滅させることにあったが、その日々にドイツのすべての地域の人びとがハンブルクとその市民を敵の空襲から守るために集結し、その攻撃に耐え抜いたために、英米軍はその目的を達成することはできなかった。こうして「私たち国民（Volk）の統一がはっきりと目に見えるようになった」。したがって「私たちとほかの自由な国民はその権利と自由に対する攻撃に無抵抗のまま甘んじる意志はない」ことがその死者に対して示威されなければならないのだという。[18] エーラースにとって、空襲がもたらした喪失や死といった受動的な苦難よりも、死者とともにその苦難を耐え抜いた能動的行為こそが記憶に値するものであり、彼はその記憶のなかに「犠牲者共同体」ではなく、「連帯共同体」の物語を見出し、共産主義に対するイデオロギー的かつ軍事的な防衛の義務とドイツ統一の願望を込めたのである。こうして、徹底した受動性を特徴とする空襲体験は能動的な意味づけを与えられたのである。

近年の社会史研究によれば、四三年のハンブルク空襲は市民の国民的な団結と連帯を強化したわけではないようだ。困難になった日常生活を乗り切ることにエネルギーを集中した市民は、無意味な犠牲を回避しようと、むしろ自分と家族生活の領域に退却していったのだという[19]。その意味でエーラースの物語は歴史的現実にもとづいて構成されたとは言い難い。英米軍の空襲を「テロ」と弾劾して忍耐と抵抗を呼びかけたナチ期の「民族共同体」イデオロギー、冷戦期の「全体主義論」、戦後復興への気勢などによって、その物語は濃厚に色づけされていたといえる。それにもかかわらず、ハンブルク空襲の記憶は、みずからの受難と近親者や財産の喪失という受動的な犠牲の物語というよりも、空襲体験に連帯や忍耐、再生といった能動的な犠牲・献身の物語として、その後も語られていくことになる。たとえば六三年七月二四日付の『南ドイツ新聞』はハンブルク空襲がもたらした被害の甚大さをあらためて伝えて、次のように論評している。

「百万都市ハンブルクは破壊されつくしたが、その住民の生きる意志は不撓不屈であった。この人びとは徐々に村落から爆撃で破壊された都市へと戻り、第一歩からやり直した。こうして、戦争を決定づけるとイギリスが期待していた成果を空襲はもたらすことはできなかったことをハンブルク住民はあたかも立証しようとしていたかのようであった[20]」。

この空襲を実体験した生存者が私的な領域で語り継いでいた物語も、空襲の受難を忍耐と連帯の体験へと解釈転換していくものであったことを、のちの意識調査は明らかにしている。たとえば七〇年代の調査で、ある女性はハンブルク空襲によって両親を亡くしているにもかかわらず、空襲のあとの状況を「伝説的」と呼んで、「住民たちは「同志(Kumpeln)」になったのです。私たちはすべてを分かち合いました。誰もが助け合ったのです！　誰もがたった一人で路上に出ることができ、ものを奪われることも、からまれることもなかったのです！」と回顧している。[21] 世紀転換後にもこのような語りは存続していた。たとえば二〇〇六年の意識調査で、当時二二歳の女性G・ベルンゼンは、空襲のときに家族が抱き合い、祈ったが、焼け出され、母親が重傷を負ったにもかかわらず、「互いのために助け合い、一体化し、行動するという経験をした」と空襲体験を記憶しており、その娘も「母のその体験談は奇妙なことにトラウマとしてではなく、家族がより緊密になり、結束し、一体となった経験」として語られていると述べている。[22] 彼女は母の空襲体験がトラウマとして語られていないことを「奇妙」と感じているが、ベルンゼンの語りはけっして矛盾していない。トラウマは、肉体や精神に深く刻み込まれている過去のネガティヴな体験が現在との脈絡を欠き、物語を通してその意味が見出されないが、忘れ去られることもできない場合に、その過去がフラッシュバックして現在に飛び込んでくる記憶の現象であるからだ。ベルンゼンは空襲体験にポジティヴな物語を見出すことで、トラウマ現象を回避することに成功しているのである。つまり、彼女が受けたネガティヴな体験は、空襲による苦難と喪失という意味づけが困難な受動的な犠牲の物語ではなく、空襲に対する連帯行動や献身、その破局の克服といった能動的な犠牲の物語に翻訳されることによって高度経済成長を成し遂げた西ドイツと彼女のサクセス・ストーリーのなかに統合され、現在とクロノロジカルな関係を結ぶことができている。彼女の空襲の記憶は現在と未来にとって意味をもつ「物語記憶」なのである。その空襲体験はこのように人生史に一貫性を与える有意味な物語として再構成されたため、死や喪失の物語として記憶されることはなかった。私たちは日本との類比を容易にするために、この物語を「復興物語」と名づけよう。一九五六年にドルトムントに建立された空襲記念碑（図表２－３）[23]は不死鳥をモチーフにしている点で、この物語を象徴的に表現した記念碑であるといえよう。[24]

図表 2-3

空襲が公的にも能動的な犠牲の「復興物語」として語られていた六〇年代に、のちに修正主義者として知られることになるイギリスの歴史家で、ジャーナリストのD・アーヴィングの著作『ドレスデンの破壊（*The Destruction of Dresden*）』がイギリスで刊行され、その空襲の犠牲者数を三〇万人以上と見積もり、その後一三万人以上と修正した。[25]西ドイツでもすでに五五年の空襲一〇周年からドレスデン空襲は公的にも追想されていたが、[26]この著作が『ドレスデンの滅亡（*Der Untergang Dresdens*）』と題して独訳が六四年に出版されるころになると、ドイツの空襲被害の甚大さを伝える新聞記事が目立つようになる。『ツァイト』紙は、「わずか一日で起こった全人類史上で最悪と思われる大量殺戮」を受けたのはヒロシマであると思われていたが、実際にはドレスデンでその二倍の犠牲者がもたらされていたことを強調

図表 2-4

戦争の歴史でもっとも激しい爆撃		
1 ドレスデン	1945 年 2 月 12〜14 日	135,000 人
2 東京	1945 年 3 月 9〜10 日	84,000 人
3 ヒロシマ	1945 年 8 月 6 日	71,000 人
4 ハンブルク	1943 年 7 月 24〜29 日	43,000 人
5 ナガサキ	1945 年 8 月 9 日	36,000 人

空襲の死亡犠牲者	
ドイツ	593,000 人
日本	366,000 人
イギリス	51,000 人

する書評[27]を載せ、『シュピーゲル』誌もドレスデン空襲犠牲者がヒロシマより多いことを指摘したうえで、ドレスデンは「兵力移動の交通結合点でもなければ、戦争に重要な武器や装備が製造される工業の中心でもなかった」と「無辜」伝説を確認している。[28] 六五年の二〇周年に『南ドイツ新聞』は「ヒロシマでも、ナガサキでもない――ドレスデンにおいて二四時間内に人間によって人間のもとで行われたもっとも恐ろしい大量殺戮が起こった」ことを認識するために、アーヴィングが著作に取り入れたドレスデン空襲被害者の死体の山の写真とともに、上記の表(図表2-4)を掲載している。[29]

アーヴィングはその後、ドレスデン空襲の犠牲者数を大幅に下方修正し、ドレスデンがヒロシマと比較されることによって、通常の兵器による爆撃が核攻撃よりも壊滅的であったという間違った結論が引き出されてはならないと警告している。[30] しかし、上記の表のように「間違った結論」が引き出されたとしても、それが同盟国のアメリカとイギリスに対するルサンチマンと政治的に結びつかなかったのは、被害と犠牲の甚大さが加害国の残虐性を示す指標としてではなく、むしろ被害国が連帯と団結で耐え抜いた試練の大きさを証明し、ゼロから積み上げげられた復興の偉業を誇示するための基準点として理解する国民的な「復興物語」が紡ぎあげられたからである。

八〇年代以降でもこの「復興物語」は公的にも効力を失わなかった。ハンブルク空襲四〇周年の式典で市長のK・v・ドホナーニ(社会民主党)は「この人たちはもっとも困窮したときに、私たちの都市に挫けず、新たに出発する力を与えたあの不動の生きる気力を発揮した」[31]と、さらに市議会議長のP・シュルツ(社会民主党)も「この都市が戦争を耐え抜き、ハンブルクを今日のように生命力ある美しい都市にしたことがこの人たちの功績です」と空襲の生存者を称えている[32]。五〇周年に当たる九三年の式典でも市議会議長のE・キアオシュ(社会民主党)は同じ物語を展開している。「耐えて生き残ろうとする頑強な意志によって日常は形作られ、復興が始まりました。ハンブルクの生命力とハンブルク市民の力によって、私たちの都市は破局から五〇年にわたって力強く、立派にその姿を取り戻していったのであります[33]」。

歴史学者のT・W・ノイマンは、空襲体験がもたらした感情は終戦から最初の一〇年間に心の奥深くにしまい込まれ、あるいは非常に親密な領域で「私有化」されることで公的なテーマとして扱われず、また五〇年代にかつての敵国が同盟を結ぶと、空襲を公的に記憶することはタブーになったと二〇〇一年に指摘している[34]。しかし、その翌年に同じ歴史学者のV・ウルリッヒは、「追放と同じように、空襲は一度もタブーだったことはない。逆に一九四五年以後にこんなに語られたテーマはない」と、この「タブー言説」を『ツァイト』紙上で一蹴している。[35]これまで検討してきたことから、私たちはウルリッヒの見解に軍配を上げざるをえないが、問題はその暴力体験の語られ方であろう。

前述したように、空襲体験の特徴は徹底した受動性である。しかし八〇年代以前までこの暴力体験は、降り注ぐ爆弾になすすべもなく受動的に耐え、犠牲になった受難劇として物語られることはなく、この受動的犠牲者を哀悼することがその公的な想起の主要な目的とはならなかった。むしろ、受動的な犠牲の物語としてではなく、空襲被害を能動的に克服していった能動的犠牲者の「復興物語」として語られることによって、その受動性もその記憶から克服されていったのである。空襲被害の大きさが強調されたのは、加害者の罪の大きさを強調することよりも、克服の大きさを誇示するためであった。その結果、空襲被害の「過去」は、高度経済成長を達成した「現在」とのあいだに有意味な関係を取り結び、むしろ活発に想起されていたのである。

こうして空襲は、戦後に克服されるべき破壊をもたらし、その克服の結果として打ち立てられた戦後体制の原点を指し示す「神話的暴力」として記憶されていったのである。

第3章

ホロコーストのトランスナショナル化と「ホロコースト・モデル」

1 ホロコーストの記憶のトランスナショナル化

アメリカの放送局NBCが製作し、一九七八年四月に四夜連続のテレビ・ドラマとして放映された『ホロコースト』(副題は英独版で「ヴァイス家の物語」、日本版で「戦争と家族」)は、アメリカで約一億二〇〇〇万人が視聴したといわれるが、ドイツでも翌年の一月に放映されたこのテレビ・ドラマは異常といえるほどの大きな反響を呼び起こし、それは一つの「事件」として受け取られた(1)。その後も、A・J・パクラの『ソフィーの選択』(八二年、米)、C・ランズマンの『ショア』(八五年、仏)、A・ホランドの『僕を愛したふたつの国 ヨーロッパ ヨーロッパ』(九〇年、独・ポーランド・仏)、A・ワイダの『コルチャック先生』(九〇年、ポーランド・独)など、ホロコーストをテーマにした映画が製作されているが、S・スピルバーグの『シンドラーのリスト』(九三年、米)が作品賞をはじめとして七部門でアカデミー賞を獲得し、世界的なヒットを記録して以来、ホロコーストをテーマにした映画が数々生み出され、とくに二一世紀に入ってから毎年のように製作されるようになった。R・ベニーニの『ライフ・イズ・ビューティフル』(九七年、伊)、R・ポランスキーの『戦場のピアニスト』(〇二年、仏・独・英・ポーランド)、S・ルツォヴィツキーの『ヒトラーの贋札』(〇七年、独・墺)、L・ネメシュの『サウルの息子』(一五年、ハンガリー)などは国際映画賞を受賞したほんの数例にすぎない。ドイツ人監督の作品としてV・シュレンドルフの『九日目』(〇四年、独・ルクセンブルク・チェコ)、J・フィルスマイヤーの『アウシュビッツ行最終列車』(〇六年、独・チェコ)からK・レーフレの『ヒトラーを欺いた黄色い星』(一七年、独)、D・パズ/Y・パズの『復讐者たち』(二一年、独・イスラエル)、M・ゲショネックの『ヒトラーのための虐殺会議』(二二年、独)を挙げておく。このようにホロコーストの犠牲の国だけではなく、加害の国でも、あるいは直接的な関係をもたない国ぐににでもホロコースト映画が製作されており、その意味でこれはトランスナショナルな現象であると言えよう。また四七年に刊行され、八〇年に邦訳されたP・レヴィの世界的ベストセラー『これが人間か』や、八六年にノーベル平和賞を受賞したE・ヴィーゼルらの著作が高く評価されるようになったことから示されているように、ホロコースト生存者の証言もいまや「世界遺産」的な価値をもつにいたっている。

これは単なる文化現象にとどまらない。九二年に始まるユーゴ内戦のさなか、イギリスのニュース番組制作会社ＩＴＮはセルビアの収容所で有刺鉄線の背後に上半身裸で痩せこけたムスリム男性が中央に立つ姿をカメラに収め、イギリスの『デイリー・ミラー』紙はこの写真を「九二年版のベルゼン」(イギリス軍が解放したナチ強制収容所)の大文字の見出しの下に「新しいホロコーストの恐怖」と書かれた記事(図表３-１)[2]を付けて掲載した。その後『タイム』誌など他のメディアにも転載されてその写真が拡散していくと、世界に衝撃が走った。映画などによって脳裏に深く刻み込まれたホロコーストのイメージに媒介されて、半世紀前のホロコーストが現在の出来事としてふたたびヨーロッパに現出しているかのような印象が呼び覚まされたのである。その後もこのような印象はボスニア－ヘルツェゴビナ紛争報道のなかで——とくに九五年にスレブレニツァでセルビア人によるムスリムの大量虐殺事件が起きたときに——頻繁に生みつづけられた。九九年にコソヴォ紛争が激しくなると、ホロコーストとの類比もまた盛んにおこなわれ、それによってＮＡＴＯ軍による軍事介入も正当化されていった(3)。介入に際して退役軍人を前にＢ・クリントン大統領は次のように述べている。

「彼〔ミロシェビチ〕の民族浄化はホロコーストの民族絶滅と同じものではありませんが、両者は関連しています——宗教的・民族的な憎悪によって焚き付けられ、前もって計画された邪悪で、体系的な圧制という点においてです。コソヴォの人びとをその国から追い払い、そのまさにアイデンティティを消し去ろうというこの組織活動は人道を踏みにじるものであり、一つの人民に対してだけではなく、すべての人民の尊厳に対する攻撃でもあります(4)」。

DAILY Mirror
THE PICTURE THAT SHAMES THE WORLD
BELSEN 92
HORROR OF THE NEW HOLOCAUST PAGE 2 AND CENTRE PAGES

図表 3-1

ドイツで一六年ぶりに政権交代を達成したばかりの社会民主党と緑の党の連合政権も、戦後初めて第三国攻撃の軍事行動への参加となるこの軍事介入の可否を決定せざるを得ない事態を前に、ホロコーストの記憶を呼び起こした。たとえば、外相の

J・フィッシャーは九九年五月にビーレフェルトで行われた緑の党臨時党大会で、アウシュヴィッツを「他のものと比較できない唯一無二のもの」と認めながら、「私は二つの原則のうえに立っています。つまり、ノーモア・ウォーの原則と、ノーモア・アウシュヴィッツ、ノーモア・ジェノサイド、ノーモア・ファシズムの原則です」と、コソヴォで起きている事態とホロコーストと類比させることで、軍事行動を正当化したのである。(5) コソヴォのアルバニア人も、自らをホロコースト下のユダヤ人と類比させるためにその記憶をもちだした。(6)

一方で、フランスではジスカールデスタン政権の閣僚、M・パポンが千数百人のユダヤ人をヴィシー政権下でドイツ当局に引き渡していた過去が暴かれて、裁判で有罪判決を受けるなど、ドイツ以外の国ぐにおけるホロコーストとのかかわりの事実も、とりわけ冷戦終結以後に明るみに出されていった。とくに国内に衝撃を与えたのは、ポーランド系アメリカ人のJ・グロスが著作『隣人』で暴いたイェドヴァブネにおける四一年のユダヤ人殺害事件であった。この事件とその実態がポーランド社会に及ぼした影響に関しては第6章で詳しく検討するが、ナチス・ドイツによるものと信じられていたユダヤ人の大量殺戮が、隣人であるポーランド人によって遂行されていたことが暴露され、ポーランド国家がその事実を認めざるを得なくなっていくと、この問題に関する議論は大半の一般家庭でも行われたと言われている。こうしてドイツ人にのみ帰せられていた加害責任はそれ以外のヨーロッパ国民にも向けられるようになり、その意味でホロコーストはトランスナショナルな歴史問題となったのである。

こうしたなかでホロコーストの記憶は制度化されていった。ベルリンの「虐殺されたヨーロッパのユダヤ人のための記念碑」、いわゆる〈ホロコースト記念碑〉は八八年に設立が提案されており(完成は〇五年)、九三年にアメリカの首都のワシントンに「ホロコースト記念博物館」が開館している。いまやヨーロッパの各地にホロコーストに関する歴史記念館や記念碑は散在しているが、オーストラリアやニュージーランド、ブラジル、カナダ、日本(広島県福山市)といったホロコーストとは歴史的に直接かかわりのない国にもホロコースト記念館・センターが設立されている。アウシュヴィッツはすでに七九年に世界遺産に登録されているが、その解放の日は二〇〇五年に国連によって「ホロコースト犠牲者を想起する国際デー」に制定された。

このようにホロコーストの記憶がトランスナショナルに想起されていくなかで生まれた国際組織が、一九九八年にスウェーデン首相のイニシアティヴで創設された「ホロコーストの教育・記憶・研究に関する国際協力のタスク・フォース」であり、この組織は二〇〇〇年にアウシュヴィッツ解放の五五周年記念日に合わせてストックホルムで国際フォーラムを四五カ国の代表を招いて開催した。[7] このフォーラムは「ホロコーストの唯一無二性は永遠に普遍的な意味をもちつづけ」、「その重要性は私たちの集合記憶に永遠に焼き付けられなければならない」ことを確認したうえで、「将来の世代がホロコーストの原因を理解し、その結果を熟考する」ために「ホロコーストに関する教育、記憶、研究」を学校や大学、ほかの制度において促すことを求める「ストックホルム宣言」[8]を謳い、「非業の死を遂げた犠牲者を記憶し、生き残って私たちとともにいる生存者を尊敬し、相互理解と正義を求めることが人類共有の願いであることをもう一度確認する」ことで、「苦渋の過去の土壌の真ん中に希望の持てる未来の種を植える」ことを義務とした。

こうしてホロコーストはもはや加害国としてのドイツ、犠牲者であったユダヤ人の国家としてのイスラエル、あるいはその主要な舞台となったポーランドだけがかかわる歴史的事件ではなくなった。そしてホロコーストは、その記憶がトランスナショナル化していっただけではなく、記憶されるべきもっとも重要な世界史的事件としての歴史的地位をトランスナショナルに獲得した。(9) しかもこの事件は歴史的に「唯一無二」であると認識され、その存在の否定は多くの国ぐにで刑罰の対象となり、犠牲者は神聖化されることになった。ヘブライ大学のA・ゴルドベルクの言葉を借りれば、ホロコーストの言説は宗教的原理主義とみなされたものに対するオルタナティヴとしてあらわれているだけではなく、「西側世界の反原理主義の原理主義的な基盤」(10) になったのである。

2 「フランス革命モデル」から「ホロコースト・モデル」へ

アメリカの歴史学者のA・コンフィノは、ホロコーストが世界史的事件として「絶対性」を帯びていった現象を、西側の典型的な歴史的神話がフランス革命からホロコーストへと代替していく過程として見ている。(11) 興味深い視点であるが、その歴史的意味に関しては明確には述べられていないので、ここで考察を加えてみたい。その際に、フランス革命とホロコーストという二つの歴史的事件が世界史上の出来事を解釈・理解・表象していくうえでモデルを提供したという意味で、これからそのモデルを「フランス革命モデル」および「ホロコースト・モデル」を名づけることにする。

周知のようにフランス革命は、市民革命や社会主義・共産主義革命、反植民地・独立運動、日本の戦後改革を含むさまざまな近代化改革を遂行するうえで歴史的なモデルを提供してきた。このモデルにおいてフランス革命は、現在(＝革命)が過去(＝アンシャン・レジーム)を克服して未来(＝理想郷)を能動的に構築していくプロットのなかで表象されている。そこに流れる時間は直進・進歩的かつ必然的であり、過去－現在－未来へと直線的かつ不可逆的に流れる。それはW・ベンヤミンのいう「均質で、空虚な時間」に他ならないが、ここにおいて過去は克服され、未来は操作・計画されうるように、過去と現在と未来は因果的な序列を構成する。この時間観念にしたがって「世界」は「諸歴史」の個別具体性を有する複数の時間から構成されるのではなく、単一の歴史的時間を保有することになる。誰かが、何かが歩んだ歴史ではなく、歴史自体が歩み始めたのである[12]。ここに「世界史」が誕生する。

ヘーゲルが『歴史哲学講義』で展開した世界史では、この時間に沿って歴史は「東から西に」向かっていく。つまり世界史は〈アジア世界→ギリシャ世界→ローマ世界→ゲルマン世界〉へと歩むが、その歩みは「自由」という目的を持っている。「この究極目的に向かって世界史は仕上げられていくし、この究極目的へのささげものとして、地球という広い祭壇の上に、長年にわたって、ありとあらゆる犠牲がささげられる[13]」というのである。その「究極目的」は「アンシャン・レジーム」によって抑圧された人間の解放であり、その必然化された目的を、たとえ意識していなくても遂行するために身を投げ出す能動的犠牲者が英雄として讃えられる。したがってその歩みは偶然ではなく、世界史は必然的な発展を遂げる。[14]

しかしこの直線的な時間のなかに、「究極目的」から遠ざかっているものとそこに近づいているもの、「発展」を遂げているものと遂げていないものが、先進と後進の軸にそってナショナルに序列化される。そのために、「先進国」の過去は「後進国」の現在と同一視され、「先進国」の現在／未来は「後進国」の未来／遠い未来を示しうる。フランス革命はそのような意味で適用可能なモデルとして機能しうる。その典型的な事例が、おもにマルクス主義者によって唱えられたブルジョア革命論[15]であろう。その議論の幅は広いが、単純化して言えば、新興ブルジョア勢力が封建制力を打倒することによって経済様式を封建制から近代資本主義へと成功裏に移行させた政治的事象としてフランス革命をとらえる歴史観である。この歴史観はヘーゲル的な世界史の枠組みにあてはめられると、フランス革命の解釈だけの問題にとどまらなくなる。ある国民の過去の社会‐経済‐政治的状況や現状はフランス革命の前段階にあるのか、それともすでにその歴史的段階は通過しているのかといったように、自国民の歴史的発展の進捗度、あるいは正常性を測る尺度としてフランス革命は機能することになるからである。明治維新をルイ一四世下の絶対王政の段階とみなす「講座派」と、それをフランス革命に類似するブルジョア革命と判断した「労農派」[16]のあいだで一九二七年からほぼ一〇年間くり広げられた「日本資本主義論争」はまさにそうである。

近代的な政治潮流は、フランス革命の理念に敵対したイデオロギー・勢力も含めて、「フランス革命モデル」を軸にして自らを政治的に位置づけてきた。たとえば、フランス革命の政治文化によって形成された「進歩」や「革命」の時間観念とそのイデオロギーである「自由主義」に対する関係から生み出されたという意味で「保守主義」は近代的なイデオロギーであり、このことは「保守思想の父」といわれるE・バークの『フランス革命の省察』が何よりも雄弁に物語っている(17)。

「フランス革命モデル」の古典がヘーゲルの『歴史哲学講義』であるとすれば、「ホロコースト・モデル」の古典はW・ベンヤミンの『歴史哲学テーゼ(18)』であると言いたい。その有名な「第9テーゼ」でベンヤミンは、「ホロコースト・モデル」の新たな歴史的主体の姿を「歴史の天使」で表現している。過去を向き、正面から激しく吹きつける「進歩」の嵐に耐えながらこの天使は、その足元で展開されている「破局」だけを見つめている。この「破局」は瓦礫のうえに瓦礫を重ねて、それを天使の足元に投げつけている。彼はそこにとどまり「死者たちを目覚めさせ、破壊されたものを寄せ集めて繋ぎ合わせたい」のだが、もはや翼を閉じることはできず、嵐によって未来へと押し流され、「そのあいだにも彼の眼前では、瓦礫の山が積み上がって天にも届かんばかりである」。ヘーゲルが必然的な歴史の歩みとみなしていたものをベンヤミンは「進歩」の嵐と表現し、ヘーゲルがその歩みの最終段階で「究極目的」が達成された理想郷を見ていたのに対して、ベンヤミンは「破局」のなかで絶えず積み重ねられていく「瓦礫」とそこに横たわる「死者たち」を見つめていた。ホロコースト犠牲者が量的にも質的にも歴史上もっとも凄惨な受動的犠牲者であることは間違いないが、この「瓦礫」をヒロシマに表象＝代表される第二次世界大戦と戦後における戦争・内戦の犠牲だけではなく、チェルノブイリやフクシマ、ミナマタ、有害な産業廃棄物やプラスティックなどの生活ゴミの溶けた海、温室効果ガスに覆われた大気、行き場のない核のゴミと漂う汚染水などにも読み替えてみるとき、もっと普遍的かつリアルに「ホロコースト・モデル」の受動的犠牲者像をイメージすることができるだろう。

「ホロコースト・モデル」において歴史的主体となったこのような受動的犠牲者を、ヘーゲルのレトリックを用いて表現するならば、それは「世界史的個人」が能動的犠牲者として「究極目的」を追求する必然的な歴史の歩みの「行く手に横たわる」無意味な偶然的存在であり、それゆえに世界史の歩みに踏み潰された「瓦礫」のなかの無惨な「無辜の花々」であるといえよう。

破局としてのホロコーストが提示するモデルの時間構造は、「究極目的」である「理想郷」を構築していくフランス革命のモデルとはまったく異なる。そのプロットにおいて破局は、フランス革命の場合とは異なり時系列的に位置づけられることはない。それは過去・現在・未来のいずれの時制にも特定されることなく、どの時制においても、ほかの時制と因果関連をもたずに生じうる。〈破局前としての過去→破局としての現在→破局後としての未来〉というプロットをとったとしても、現在は過去と未来とのあいだに必然性を見出しえない。そこに必然性を求めるならば、現在の破局を克服して、過去の平穏を未来に取り戻していく英雄的な能動的犠牲者の物語にこのモデルは転換される必要がある。また、過去や未来に破局の時制をおいたとしても、現在は、過去の破局から学び、未来の破局を回避しようとするだけで、過去を克服することもなければ、未来を操作・計画することもない。つまり、「ホロコースト・モデル」の時間軸において過去と現在と未来は因果的な序列をもたず、必然性ではなく、偶然性の時間のなかで時間は推移する。そして、「フランス革命モデル」のように、「先進国」のモデルが数十年後の「後進国」に適用されることはない。このモデルが示す破局は過去のアルメニア人大虐殺でもあれば、現在のガザでもあれば、地球環境が破滅した未来の地球でもありうる。アルメニア人大虐殺の過去はガザの現在の姿でもなければ、死滅していく地球の未来の姿も示していない。ホロコーストは先進‐後進の時間軸とは無関係に、どの時制でもあらわれうる普遍的な病理であり、「唯一無比」、「比較不可能」なものとして、ほかの破局を判断する普遍的な基準となっている。破局は時間軸にそってナショナルに序列化されることはなく、ホロコーストを絶対的な基準としてトランスナショナルに類比・連想・隠喩を行うことで表象され、判断されていく。A・アスマンに倣ってホロコーストに「浮遊するシニフィアン」概念を適用することは、このモデルにおいては妥当であろう。(19)

先進‐後進の時間軸にそって歴史的な出来事がナショナルな枠組みで序列化されている「フランス革命モデル」では、ナチズム体制やそれが引き起こしたホロコーストはナチズム崩壊以後の戦後体制に対してナチズム体制が「遅れ」ていたために生じた現象として認識される。このモデルの主体は遅れた「アンシャン・レジーム」に対して「神的暴力」を行使し、それによって「遅れ」は解消され、この解消のために振るわれた暴力は「神話的暴力」（たとえば、連合軍によるナチス・ドイツの軍事的制圧や強制収容所の軍事的解放）として記憶される。「フランス革命モデル」では、この主体が「アンシャン・

レジーム」(ナチ・レジーム)から受けた暴力の痛みは鋭く実感されるが、「神話的暴力」がもたらした「レジーム」の側の人びと(ナチス)の痛みは言うまでもなく、その暴力の「無辜」の受動的犠牲者(ホロコースト犠牲者)の痛みにも鈍感であり、その犠牲者はせいぜい同情や憐憫の対象にすぎない。一方、「ホロコースト・モデル」においては、破局の受動的犠牲者に感情移入が行われ、その犠牲者が受けた暴力に対してもっとも痛みが感受される。一九七八年から全世界で放映され、メディアの事件となったテレビ・ドラマ『ホロコースト』のある視聴者は放映したテレビ局に「私はこれまでこのテーマに関するドキュメンタリー映画を数多く見てきて、すべてに私は衝撃を受けました。でも、『ホロコースト』ではもっと感情に訴えられました。俳優に自己同一する可能性が視聴者に提供されたのです。涙が眼からあふれることがたびたびあったことを〔……〕私は告白しなければなりません[20]」という書簡を送ったが、まさにこのテレビ・ドラマは破局の受動的犠牲者に対する潜在的な感受性に火をつけたのである。

以上のように、「ホロコースト・モデル」において世界史上の主役は、暴力を行使して身体と生命を捧げた、あるいは肉体的・物質的・精神的な損害を自ら引き受けた能動的犠牲者(Sacrifice)から、暴力を行使されて、命を奪われた、あるいは肉体的・物質的・精神的な損害を受けた受動的犠牲者(Victim)へと転換している。能動的犠牲者が歴史上の主役を独占していた時代には、ホロコースト犠牲者が歴史的な脚光を浴びることはなかったが、受動的犠牲者がその主役の座に上りつめたときに、「フランス革命モデル」とは異なる物語——前述の『ホロコースト』や九三年に世界的なヒット作となったスピルバーグの『シンドラーのリスト』に代表されるホロコースト映画などを通して――が展開されることになった。その特徴に関してはすでに拙著で詳述しているので[21]、簡単に紹介しておきたい。

第一に、ホロコースト体験が受動的犠牲者に帰属意識を覚醒させ、能動的犠牲者へと主体を転換させていく物語。ホロコーストを通してユダヤ人としての民族性に目覚め、抵抗運動に加わり、ホロコースト後はイスラエル建国に尽力する物語がその典型である。

第二に、共同体のために身を捧げるという意味づけが行われていないために「フランス革命モデル」の「世界史的個人」の役を演じていないが、受動的な死を拒否して加害者に抵抗し、そのなかで尊厳ある死を選択することで、受動的犠牲の死にも意味を持たせる物語。

第三に、ホロコーストの非人道性と残虐性を強調し、人種主義的政策の不条理と狂気を訴えるために、「フランス革命モデル」では痛みを感受されていなかった受動的犠牲者に感情移入させる物語で、そこではしばしば子供が主役を演じる。この物語に内包されている理念は「人権」である。

第四に、ホロコーストとその加害‐支配者に立ち向かう英雄的な行動ではなく、その支配から脱出し、逃走・潜伏していく物語で、「ホロコースト・モデル」ではこのような「逃避」行動も肯定的に評価される。当時の民族的・性的マイノリティにとって強制収容所の外の世界も自主的な、あるいは処罰を恐れた諜報者から構成されており、その意味で社会全体がこのマイノリティの生殺与奪の権を間接的に握っている例外状態であるので、ホロコーストにおいてこれらの行為は、もはや単なる逃避行動ではありえず、まさに生死をかけた闘いとなっている。この物語にもとづいた最大のヒット作は『戦場のピアニスト』であろう。

第五に、これも破局と支配に対して真正面から立ち向かうのではなく、機転を利かし、策を練り、連帯行動をとり、駆け引きを行い、相手の裏をかき、その弱みにつけ込むような行為で生き残りを図り、あるいはほかの犠牲者も救済する犠牲者の物語。最近では、ペルシャ人であると嘘をつき、ペルシャ語の習得を所望していた親衛隊大尉にでっち上げた言語をレッスンして強制収容所生活を最後まで生き延びたユダヤ人の物語『ペルシャン・レッスン』(二〇二〇年、露・独・ベラルーシ)を挙げることができる。いつでも殺害されうる例外状態にあり、生きることが唯一の目的となったこれらの映画の主人公たちに、長期的な計画に基づいて、目先以外の目的を根本的に達成するための戦略を練る余地は残されていない。この人びとが取りうる個別・具体的な方策として短期的な戦術がとられ、状況の変化に応じて臨機応変に行動することによってのみ生き延び、あるいはほかの犠牲者を救済する物語が展開する。

第六に、ホロコーストを生き延びた者が、その犠牲が受動的であるがゆえにその体験を自ら意味づけできず、ホロコーストの記憶に苦しむ物語。偶然性の連鎖という「ホロコースト・モデル」の時間意識のなかでは「フランス革命モデル」のように過去－現在－未来を必然的に結合することが困難であるため、ホロコースト体験はこの時間意識を生きるモデル・ケースになっている。

第七に、普遍的理念として人権や人道を動機とする破局の受動的犠牲者の救済の物語。「無辜の花々」という受動的犠牲者を踏みつけても過去と現在の「アンシャン・レジーム」から未来を解放しようとする「フランス革命モデル」の場合とは異なり、「ホロコースト・モデル」ではこの三つの時制との関連なしに受動的犠牲者が救済される物語が展開される。ドイツ人によるユダヤ人救済物語である『シンドラーのリスト』はその典型的な作品である。これらの救済者たちは、『シンドラーのリスト』の主人公であるシンドラーが安価な労働力としてユダヤ人収容者に目を向け、ナチ党員となって賄賂を駆使して私利私欲を追求した好色の戦争受益者であったように、世界観やナショナリズムにもとづいた解放者ではない。その救済行動では、過去から犠牲者を解放して、理想郷としての未来を築くといった「フランス革命モデル」にみられるような過去－現在－未来が能動的に結びつけられておらず、その意味でこの救済者は英雄として様式化された能動的犠牲者のタイプに属してはいない。そのモチーフは普遍的理念としての人道と人権である。

以上の考察から、第1章と第2章でみた戦争の暴力の記憶と物語は「フランス革命モデル」に基づいていたことが理解できるだろう。ではこの記憶と物語が「ホロコースト・モデル」を通してどのように変容していったのであろうか。これが第4、5、6章の検討課題である。

第4章

受動的犠牲者としての加害者
――戦争体験記憶の構造転換

1　映画『スターリングラード』

すでに検討したように、スターリングラード戦の敗北は当時のドイツ人から転換点、すなわち第三帝国の〈おわりのはじまり〉として意識されたが、これに対してナチ幹部は戦意を維持・高揚するために、この敗北を神話化し、その犠牲を英雄の死としてイメージさせようとした。スターリングラードの戦いをペルシャ戦争のテルモピュライの戦いになぞらえ、『犬どもよ、永遠に生きたいか』(=『犬どもよ』)の映画では野戦病院のシーンでラジオ放送としてそのまま使用されたH・ゲーリングの演説がまさにそうである。この戦いの敗北をラジオで伝えた国防軍最高司令部の「特別放送」(一九四三年二月三日)は、次のように兵士の死を伝えている。

「スターリングラードのもっとも高く積み上がった廃墟の上に掲げられ、はるか遠くからでも見えていたハーケンクロイツの旗の下で、最後の戦いが行われたのだ。将軍、将校、下士官、兵士は肩を並べて刀折れ、矢尽きるまで戦った。ドイツが生きるために、彼らは死んだのだ。ボルシェヴィキの

図表 4-1

嘘のプロパガンダなんぞものともせず、彼らは遠い、遠い未来まで模範となりつづけるであろう[1]」。

「ドイツが生きるために、彼らは死んだのだ」というフレーズは、敗戦を伝えるナチ党中央機関紙『フェルキッシャー・ベオバハター』紙(四三年二月四日)でも使用され、「英雄たち」の神々しい姿のイラストが添えられている[2]。そして、軍事展示会場として機能していたベルリンの兵器庫にはスターリングラード戦の記念碑(図表4－1)[3]が建立され、そこではナチスが望んだ英雄像が具象化されたのである。

スターリングラード戦の敗北から一五年後に製作された『犬どもよ』では、もはやそのような英雄像がこれ見よがしに登場することはない。むしろその真逆の兵士像が描かれている。たとえば、ある曹長は空腹のあまり正気を失い、離陸のために滑走する飛行機に飛び乗ろうとして、首の骨を折ってしまうのである。それでもこの映画でそれは不名誉な死として意味づけされていない。この兵士は、ナチスが犯した軍事作戦上の過ちの犠牲者であり、その死の責任が本人の性格に帰せられているわけではないからである。不名誉な死はむしろ、地下室にこもって闘おうとせず、最後には敵前逃亡して、部下から射殺されたナチ的将校のリンクマン少佐に与えられている。

少佐が「犠牲」を厭うエゴイストであり、曹長がナチ幹部の身勝手な非専門的戦術の「受動的犠牲者」である一方で、主人公のヴィッセ中尉はそれとは異なる役割を演じている。たしかに彼は、兵士

図表 4-2

の苦しみを歯牙にもかけないような戦争を遂行するナチ・軍幹部に怒りをあらわにするが、戦争で命を賭けること自体に疑念を抱くことはない。たとえば、赤軍の一斉攻撃で味方が敗走していくなか、彼は匍匐前進で戦車に近づき、飛び乗って対戦車砲を投げ入れて、戦車を撃破している（図表4－2）。つまり、この主人公に代表されるスターリングラードのドイツ兵は、「ナチス」の受動的犠牲者ではあったが、「祖国」に対しては能動的犠牲者を演じているのである。「ドイツが生きるために、彼らは死んだ」がナチスのスローガンだったとすれば、「ドイツが生きるために戦ったが、ナチスのせいで彼らは死んだ」がこの映画のメッセージだったといえよう。

この映画公開から三五年後、スターリングラード戦敗北の五〇周年にあたる九三年に巨額の費用を投じて製作された映画『スターリングラード』が公開された[4]。メガホンをとったのは、八〇年代末からナチ時代のさまざまな出来事をテーマに据えた映画を生み出し続けることになるJ・フィルスマイヤーである。テレビ・ドラマ『ホロコースト』はドイツ社会に大きな衝撃を与えたが、このような通俗的な外国作のドラマによってドイツの歴史が表象され、ドイツ人が自らの歴史を「知った」ことに愕然としたドイツの多くの文化人は、自らの歴史を自ら表象することに使命感を覚えていった。実際に、このドラマの放映後にG・グラスら七人の作家がドイツ版『ホロコースト』を実現することを求める共同声明を出しているが[5]、フィルスマイヤーはドイツ人が自らの過去を歴史的に表象するという

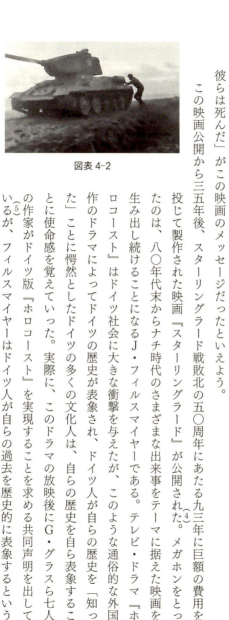

使命を果たそうとした代表的な映画監督である。バイエルンの名もなき農婦という「普通の人びと」の視点からナチズムと第二次世界大戦の歴史を描いた八九年の『秋のミルク』、出征した夫を二人の幼い娘とともに待ちながら、空襲や連合軍の占領、食糧難といった戦争末期と終戦直後の騒然とした日常を生きていく「瓦礫の女」を主人公に据えた物語が展開された九一年の『ラマ・ダマ』(邦題は『カティの愛した人』)につづいて製作された映画がこの『スターリングラード』である。[6] ここにおいて戦争の記憶にどのような変化が見られるのであろうか。

この映画の主人公は、アフリカ戦線から離れ、休暇をとっていたイタリアの保養地からスターリングラードに鉄道で送られ、ともに生死を賭けた激戦に身を置くことになる三人の兵士、すなわち反骨精神をもつライザー上等兵、エリート軍人一家出身で、正義感の強い若き将校のフォン・ヴィッツラント少尉、無骨だが、情に厚いロールダー伍長である。この映画は『犬どもよ』と比較して戦闘シーンが長く、戦場における兵士の姿もずっとリアルに描出されているが、その姿はもはや英雄的ではない。むしろ兵士たちは、戦闘中に恐怖で半狂乱となってわめき叫んだり、戦友を誤射して動顛したあと、子供のように首をうなだれて泣きべそをかいたり、戦闘で失禁し、戦闘後も震えが止まらなかったりする。ロールダー伍長は戦闘の最中に届けられた妻からの手紙でフランス人捕虜との浮気を伝えられ、行き場のない怒りを戦友にぶつける。ここで表現されているのは、「英雄」ならば自制して、封じ込めるべき人間的感情にほかならない。

死も凄惨に描かれている。銃撃によって倒れていくだけではなく、手や足、さらには胴体までが引きちぎられ(図表４－３)、多くが痛みに耐えきれず、泣き叫びながら死んでいく。そして、雪原に野ざらしに放置され、あるいは山積みされて燃やされる死体、さらには下水道で腐敗し、鼠の餌と化した死体も映し出される。そして死をもたらしているのは敵の砲弾だけではない。飢え、寒さ、病気が容赦なく兵士たちを襲い、主人公たちの上官は、足が凍傷で骨がむき出しになりかけたために、動けずに絶命する。どれほど意識的であるのかは不明だが、ここではホロコーストと類比できる苦難と死が描出されている。

図表 4-3

図表 4-4

当初は能動的に戦っていた主人公たちは、戦争遂行のための道具のように兵士が扱われる現実を目の当たりにして、戦うことの意味を次第に見失っていく。このことを決定づけていく人物が、『犬どもよ』のリンクマン少佐に類似した人物として登場するハラー大尉である。スターリングラード近郊に到着した夜、ヴィッツラント少尉はロシア兵捕虜の虐待を見て、それに抗議したが、それを高笑いして無視したのが、この大尉だった。さらに彼は、主人公たちが野戦病院で医療スタッフを銃で脅して戦友の大けがの治療を優先させたことを目撃して、彼らの階級を剝奪して懲罰部隊に送っている。そのあとに主人公たちは、戦果を認められて階級を取り戻し、それまでの部隊に復帰するが、ハラー大尉はさらにロシア住民の罪をでっち上げて、彼らにその銃殺刑の執行を命じる(図表4-4)。ここにいたって主人公たちは能動的犠牲者となる意味と意志を完全に失ってしまう。「もう軍旗への誓いに義務を感じない」とつぶやいたヴィッツラント少尉は、脱走しようというライザー上等兵の提案に一人の部下とともに同意する。雪上に横たわるドイツ兵の死体から負傷・疾病の診断証明書をはぎ取って、帰国する飛行機に乗り込もうとした彼らは、自傷行為を見破られて射殺される他の兵士を横目に、飛行場に入ることに成功したが、飛行機に乗り損ねてしまい、ロールダー伍長らのところへ帰っていくのである。

戦う意味を喪失していくにつれて、忠誠、自己犠牲、服従、勇武、規律、克己といった軍人の美徳もまた失われていく。それでもなお部隊に残って、生死を賭けた戦闘に加わったのは、軍紀違反で死の懲罰を覚悟するのか、戦闘で生き残る可能性を見出すのかという二者択一のなかで後者を選択したからである。このような外的な動因しか残されていない状況のなかで、ヴィッツラント少尉とライザー上等兵の二人の主人公は、脱走という最高の軍紀違反の行為を敢行したのである。この映画に「英雄は存在してはならない」と監督のフィルスマイヤーは公言していたが[7]、彼は脱走兵という英雄とは真逆の人物を主人公に演じさせたのである。そして、二人の主人公(ライザー上等兵とヴィッツラント少尉)は雪原で寄り添いながら凍死(戦死ではない!)していく。次第に激しい吹雪に埋もれていくその姿が映画の最後のシーン(図表4-5)に使われ、それをバックにして「スターリングラードの戦いで一

○○万人以上が戦死、凍死、餓死」し、第六軍の包囲されたうち「九万一○○○人が捕虜となり、そのうち六○○○人だけが数年後に故郷へ帰った」という歴史的事実がスクリーン上で示されたのちに、エンドロールが流れていく。

『スターリングラード』が公開された同じ年、新衛兵所（ノイエ・ヴァッヘ）が「戦争と暴力支配の犠牲者」のための追悼記念館となった。ワイマール時代末期からナチ時代に第一次世界大戦の戦没者慰霊碑として機能していたこの古典主義建築物は、六○年に東ドイツ政府によって「軍国主義とファシズムの犠牲者」の追悼記念館に改築されたが、統一後にコール政権はふたたび改築し、そこにK・コルヴィッツのピエタ像のレプリカ（図表4－6）を据えた[8]。兵器庫に据えられたスターリングラードの兵士像が典型的な能動的犠牲者である英雄を表象していたとすれば、反戦主義者が造形した死んだ子を抱くこの母親像はその対極的な受動的犠牲者を表現していると言えよう。ヴィッツラント少尉を抱えてその死を見取り、自らも雪に埋もれていくライザー上等兵という『スターリングラード』のラストシーンで使用された姿が――意図的であれ、偶然であれ――新衛兵所のピエタ像に似

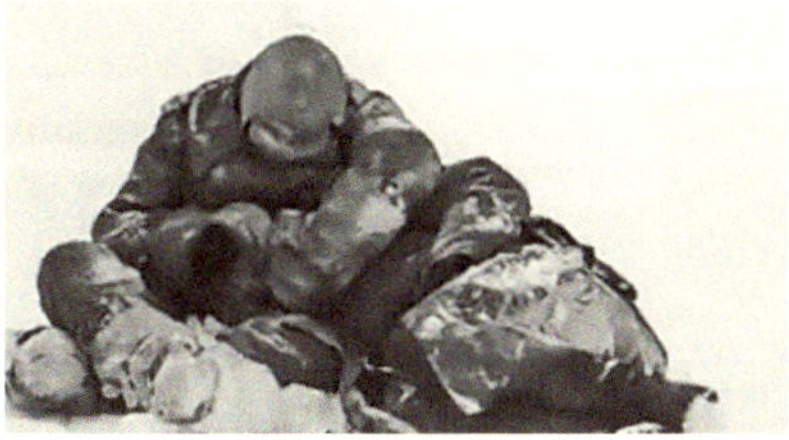

図表 4-5

図表 4-6

通っているのは、そこに同じモチーフが込められているからであろう。

『スターリングラード』の兵士たちが能動的犠牲者から受動的犠牲者へ移り変わっていくにしたがって、その能動性を支えていた忠誠、自己犠牲、服従といった美徳は兵士たちにとって意味を失い、その美徳に基づいた軍律を破って脱走することにもはや恥辱は感じられなくなっていった。受動的犠牲を強いるだけとなった軍律を厳格に要求したのが、住民の銃殺を命じたハラー大尉である。飢餓に耐えかねた兵士たちが空輸された援助物資の食料に食らいついたが、それを彼は窃盗と見なし、銃殺に値する軍律違反と断定して、銃を突きつける。しかし銃を振り払われた彼は、命乞いするなかで部下に銃殺される。もはや軍律だけではなく、軍そのものが崩壊していくが、雪上のピエタ像を映して終わるこの映画では、一つだけ美徳を観客に残して幕を閉じている――無意味となった戦争を強要する者たちに対して育まれた「普通の兵士」、すなわち受動的犠牲者たちの戦友愛である。『シュピーゲル』誌の表現を用いれば、この映画が「賞賛しようとしているのは軍事的な美徳ではなくて、困窮とぬかるみのなかでも維持された戦友愛」であった(9)。こうして『スターリングラード』は、受動的犠牲者を追悼し、それによって新たな共同体を立ち上げようとする新衛兵所と同じ役割を銀幕上で果たそうとしたといえよう。そのため、この映画で行使された暴力はこの共同体のための「神話的暴力」として痛々しく演出されたのである。

2　国防軍の犯罪

(1)国防軍展の経緯

映画『スターリングラード』では、一般住民の銃殺や捕虜の虐待など、ドイツ国防軍が戦争犯罪にかかわっていたことを示唆するシーンが差し込まれている。しかし、それはハラー大尉の個人的な所業に帰せられていて、主人公らの一般兵士はそれに深い憤りを覚える。つまり、彼らはいわゆる「汚れなき国防軍」の一員としてふるまっているのである。しかしこの映画の公開の二年後に、国防軍が占領地区の掠奪・破壊やその市民の集団虐殺、赤軍捕虜の殺戮などの戦争犯罪に体系的に手を染めていただけではなく、ホロコーストの片棒も担いでいた事実を明らかにする展示会『絶滅戦争　国防軍の犯罪一九四一～一九四四』[10]が開催された。終戦五〇周年の一九九五年三月から四月にかけてハンブルクで開始されたこの展示会は、タバコ会社の経営者の子息であったＪ・Ｐ・レームツマが創設し、代表を務めていた民間の研究機関「ハンブルク社会研究所」によって企画され、歴史家のＨ・ヘールが総監督を引き受けた。この展示会が扱ったテーマは、〈四一年のセルビアにおけるパルチザン掃討戦における民間人の虐殺〉、〈四一年から四二年までのスターリングラード戦に向かう第六軍のウクライナなどにおける絶滅行動〉、〈四一年から四四年までのベラルーシ占領政策〉の三つである。これらの領域における「国防軍の犯罪」の実態がこの展示会によって衆目を集めることになった[11]。

ハンブルクでの開催以後、この展示会は一カ月以上の開催期間を設けて、九五年にベルリンからポツダム、シュトゥットガルト、ウィーン、インスブルクへ、翌年にはフライブルクからメンヒェングラッドバッハ、エッセン、エアフルト、レーゲンスブルク、クラーゲンフルト、ニュルンベルク、リンツへ、九七年にはカールスルーエ、ミュンヘン、フランクフルト・アム・マイン、ブレーメン、マールブルク、コンスタンツ、グラーツへと渡り歩き、最終的にドレスデンやボン、ハンブルクなどでの(再)開催を経て、九九年一一月にレームツマが展示会の停止を決定するまで、ほぼ四年にわたり独墺の三〇以上の都市で約九〇万人の市民を引き寄せた。当初は数千人程度、九七年一～二月のカールスルーエでの展示会までは一万五〇〇〇人から二万五〇〇〇人のあいだの入館者を数えたにすぎず、メディアの注目度もさほど高くはなかった。しかしこの展示会は、ミュンヘンでこの年の二月二四日から開催されることが決定されると、保守・極右陣営から激しい攻撃を受けることになり、その結果として社会・政治的な「事件」へと押し上げられていった。以後、この展示会は「国防軍展(Wehrmachtsausstellung)」の名称で広く知られるようになっていく。

「国防軍展」批判の急先鋒は、「右翼ポピュリズム」政党といわれる自由市民連合を創出したミュンヘン市議会議員のM・ブルンナー、そしてキリスト教社会同盟市議会議員、とくにミュンヘン支部長のP・ガウヴァイラーであった。自由市民連合のブルンナーは九六年二月に、国防軍展が「冷酷な歴史的一般化のなかでドイツ国防軍を正当に評価していない」ことを理由にあげて、代わりに独露戦争捕虜展を市庁舎ギャラリーで開催することを提案した。その提案が議論されることになった一二月に彼は、ナチスの大量殺戮を妊娠中絶禁止条項の自由化になぞらえ、ヒトラーのソ連奇襲をドイツの婦女子を守ろうとしただけの兵士の行動であると些末化する発言を行っていたが、その日に市議会では議事進行をめぐってキリスト教社会同盟、自由民主党、自由市民連合、極右政党の共和党の各市議が二名を除いて議場を退場する事態に陥った。そのため新市庁舎で国防軍展が開催されることが与党の社会民主党と緑の党によって決議されることになったのである。(12)

こうして政治陣営を左右に分ける問題となった国防軍展に対して、キリスト教社会同盟も攻撃的な態度を強めた。展示会開催が間近になるとガウヴァイラーは、レームツマは国防軍展を開催するよりも、自分の巨額の財産の元であるタバコで病気になり、死亡した犠牲者の展示会を開くべきであると発言し、キリスト教社会同盟の機関紙は「一九一七年から今日にいたるまでの全世界の社会主義の恐ろしい犯罪を語ろうとする試みをけっして企てないまさに左翼の代表者が、ドイツに対するニュルンベルクの処罰をまだ強化し、ドイツ民族に対する絶滅キャンペーン行うことにいまや終戦五〇年後になって取り組んでいることは腹立たしい」ことだと憤激し、この展示会の問題を通して左翼批判を展開した。(13)ミュンヘンで九七年二月に国防軍展が開催されると、ガウヴァイラーはオープニング・セレモニーが開催される会場の近くの戦没者慰霊碑に献花し、(14)開催中の三月には展示会の内容と主催者の政治的資質を批判する書簡をミュンヘンの三〇万世帯に送っている。そのためにかかった二〇万マルク以上の費用は寄付で賄われたという。(15)

三月には極右政党のドイツ国民民主党の呼びかけで「私たちの祖父と父は犯罪者ではない」をスローガンにして「反ドイツ的な面汚し展示会に対する国民的抵抗のデモ」が組織され、五〇〇〇人の党員やネオナチが約三〇台のバスを使ってミュンヘンに結集し、戦後最大の極右・ネオナチのデモが展開されることになった。かつてナチズムの「運動の首都」と呼ばれた都市でネオナチが行進すること に敏感に反応した多くのミュンヘン市民は、労働組合員や社会民主党・緑の党支持者らによって組織された対抗デモに加わり、新市庁舎が隣接するマリエン広場でネオナチのデモを食い止めようとした。そのため両デモの直接的な対決は一触即発の状態に陥ったが、警察の介入で事なきを得た(16)。

一都市でのこれらの出来事は全国紙によって報道され、こうして国防軍展はミュンヘンだけではなく、全国で注目され、議論されるべきイベントとみなされていった。これを機にミュンヘンの国防軍展に足を運ぶ市民の数は急増し、総来館者数はハンブルクで開催された初回の国防軍展(七〇〇〇人)の時のほぼ一三倍にあたる九万人に上った。来館者が急激に増加したために開館時間は延長されたが、それでも入館までの待ち時間は四時間に達するときもあった。左翼系新聞の『ターツ』は「ガウヴァイラーがこの展示会を大成功に導いた(17)」と皮肉交じりに総括している。そして、この関心の高まりはミュンヘンにとどまることはなかった。九七年四月一三日から五月二三日までフランクフルトで開催された次の国防軍展はミュンヘンを一万人ほど上回る来館者数を記録した。最終的な来館者数の九〇万人は、歴史関連の移動展示会ではドイツ連邦共和国史上空前絶後の数字である。しかも、のちに示すようにこの展示会は政治対立やスキャンダルを引き起こし、そのためにくり返しメディアによって取り上げられたため、大半のドイツ人がこの展示会の内容を間接的に知ることになった。

この問題は連邦議会でも取り上げられた。九七年二月に国防軍展をボンの連邦議会で開催することが緑の党によって提案されたが、民主社会主義党の支持を得たものの、四月に否決された。しかし九七年三月と四月には激しい議論が展開された。キリスト教民主同盟のＡ・ドレッガーが「戦争世代全体に犯罪団体の帰属者と援助者の烙印を十把一からげに押そうとする者はドイツを骨の髄まで痛めつけようとしているのです」と語ると、緑の党から物言いが付けられた。「この展示会は和解ではなく、分裂をもたらします。その表現方法によって祖父と父親の世代を憤慨させ、息子と孫の世代を狼狽させます」とのドレッガーの発言には、緑の党のＪ・フィッシャーが「ちがう、ちがう、私たちはぜんぜん狼狽していない」とヤジを入れ、社会民主党からも異議の声が上がった。そしてドレッガーは「このように世代間にくさびを打ち込もうとする者は」と言いかけたが、フィッシャーのヤジを叱責して演説をやめている。(18) 次に演壇に上がった緑の党のＶ・ベックは、むしろ醜態であるのは「武器を投げ捨て、脱走し、この汚れた戦争に行動をもはや共にしなかった人たちが法的にいまなお犯罪者として扱われている」ことだと言い返すと、緑の党と社会民主党、民主社会主義党の議員から拍手を送られた。(19) このように国防軍展はミュンヘン市議会だけではなく、連邦議会においても政治陣営をくっきり左右に分けたのである。

この対立は議会外でも展開された。当時急進化していたドイツ国民民主党やネオナチ組織はこのテーマを重視し、すでに九六年にはネオナチのＭ・レーダーがエアフルトで開かれていた展示会のパネルに「うそ」と落書きをしている。ドレスデンやボン、ハノーファー、キールなどでは展示会に反対するデモが組織され、部分的には暴力行為に至った。そして九九年三月にはザールブリュッケンの会場に仕掛けられた時限爆弾が未明に爆発し、負傷者は出なかったが、展示会場が激しく損壊した。[20]『ヴェルト』紙は学問的な議論ではなく、機動隊の投入がこの展示会の報道を支配するようになったと嘆いた。[21]

この展示会は、ニューヨークなど国外での開催も計画されていたのだが、九九年に中止に追い込まれていく。しかし、その原因は暴力を伴った政治対立ではなく、まさしく「学問的な議論」であった。ポーランドとハンガリーの歴史家が、展示会で使用されている写真にはドイツ国防軍ではなく、ソ連やハンガリーの犯罪を写したものがあり、そのほかにも間違った脈絡とキャプションのもとで写真が使用されていることを指摘した論文を相次いで九九年一〇月号の学術雑誌に公表したのである。[22]これをきっかけにして、写真の信憑性をめぐって展示会への批判は強まり、九九年一一月にレームツマは展示会の一時中止を決定し、写真とテクストを検証するために独立した歴史専門家委員会を設置した。

一年後にこの委員会は報告書を提出し、意図的な「偽造」は行われていないが、そのなかで展示物に「事実に関する誤謬」や「不正確さと手抜かり」があり、提示の方法が「あまりにも十把一からげ」で、「強い心理的影響を及ぼす」ものであることを指摘した。しかし、委員会は国防軍と絶滅戦争に関する展示会の基本メッセージが正しいことを認め、「ソ連でユダヤ人に行われた民族殺戮、ソ連の捕虜への犯罪、非戦闘員への戦闘に国防軍が「巻き込まれた」だけではなく、この犯罪にあるときには主導して、あるときには後援しながら関与したことは反論の余地がない。これは、散発的な「介入」や「逸脱」ではなくて、軍最高司令部および前線とその背後の部隊長の決定に基づく行為である」と断言し、この展示会が「有意義で、必要」であり、「ドイツ連邦共和国の歴史・政治文化の発展に本質的な貢献をすることができる」と評価した。そのため、この委員会は「根本的に改変して、場合によっては新たに作り直して」展示会を開催しつづけることを推奨した。(23)

この報告書に基づいてレームツマは、展示を全面的に変更してこの展示会を継続することで、その基本的なメッセージを発信することを決意した。彼は総監督（U・ユーライト）も、名称（『国防軍の犯罪──一九四一年から一九四四年までの絶滅戦争の諸次元』）も代えて、新展示会を二〇〇一年一一月にベルリンでスタートさせた。この第二の国防軍展は一三の都市で四〇万人を来館させて、〇四年三月にハンブルクで幕を閉じた。写真を多用するなど感情・感覚に強く訴えていた第一の国防軍展とは異なり、この展示会は写真の数を減らし、文字史料や説明文を増やし、情緒やイメージを駆り立てる手法を改めるなどして客観性を重視し、力点をタブー破りから啓蒙へと移した。そのため第二の国防軍展は激しい論争や騒擾を引き起こすことはなかった。(24) 歴史家のV・ウルリッヒの『ツァイト』紙上の言葉を用いれば、この展示がネオナチを除く「どんな意固地な国防軍の擁護者でさえも文字通り武器を捨てるように構想されていた(25)」からであった。この展示会は「コンセンサス展示会(26)」と呼ばれたが、彼が指摘しているように、第二の国防軍展が来館者の感情を揺り動かさなかったのは、展示方法を変えたことに起因しているだけではないようだ。国防軍が戦争犯罪とホロコーストに深く関与していたというその基本テーゼがすでに広く受け入れられていたのである。

よう。

（2）国防軍とその兵士の表象

これから「国防軍展」の第一の展示会が第二次世界大戦の記憶の変化に果たした役割を考察してみよう。

ウルリッヒが別の論考[27]で強調しているように、国防軍が戦争犯罪とホロコーストに深く関与していた絶滅戦争を遂行していたことを広く市民に意識させ、「汚れなき国防軍」の神話を打ち砕いたことに国防軍展の「功績」はあった。たしかに歴史学界では実証研究によって「国防軍の犯罪」はすでに確認されていたが、その認識は一般に広まってはいなかった。官僚や裁判官・検事、医師のような職業集団がナチ犯罪に深く関わっていたことは、以前から「過去の克服」の問題として意識されていたが、それはエリート集団の犯罪だった。一方で国防軍は、徴兵制が敷かれたことによって一定の年齢層のほぼすべての男性が所属した組織であり、第二次世界大戦では一八〇〇万人の兵員を抱えた。つまり、「国防軍の犯罪」とは二〇〇〇万人に近い男性とその家族というドイツ国民の大半がかかわる犯罪であり、レームツマがハンブルク展示会の開会セレモニーで述べた表現を用いるならば「誰しもの犯罪、誰しもの夫、父、兄弟、おじ、祖父の犯罪」[28]である。そうであるならば、巨大組織の国防軍はナチ・レジームの犠牲者ではなく、ホロコーストを引き起こしたこのレジームとともに歩み、その構成分子となった加害者共同体ということになり、その構成員の配偶者および子孫としてほとんど誰もがナチ犯罪と無縁ではありえなくなる。ここに「汚れなき国防軍」神話がこれまで堅固に守り通され、国防軍展に対しては激しい非難と抵抗が生じた最大の理由が見出せるだろう。「十把一からげ」

が国防軍展批判の合言葉のような響きをもったが、それは「一緒にするな、私は／私の夫や父、祖父は違う」という憤怒や切望の言い換えであるといえよう。ミュンヘンでの展示会の入館記念帳には「国防軍にいた者は人殺しだ」と「私の夫が人殺しでないことは確かだ」のメッセージが並列していた。(29)

悲劇的な能動的かつ受動的犠牲者として記憶に刻み込まれていた第六軍の兵士たちがスターリングラード戦以前に行っていた「犯罪」をこの展示会が扱っているのは象徴的である。スターリングラード戦の映画『犬どもよ』では加害者としてのナチスおよびその追随者とその犠牲者としての国防軍兵士のあいだに区分線が明確に引かれた。九三年の映画『スターリングラード』では赤軍兵捕虜の虐待や民間人の銃殺など国防軍の「犯罪」がある程度は描かれていたが、それは絶望的な状況のなかで死んでいく受動的犠牲者の「犯罪」ではなく、その罪は一握りのナチ的な軍幹部に帰せられていた。一方、国防軍展が第六軍の戦争行為を扱っているのはスターリングラード戦以前の四一年から四二年にかけての時期である。国防軍展の他の展示領域であるセルビアの民間人殺害は四一年の、ベラルーシの占領政策は四一年から四四年にかけての出来事を取り上げているから、国防軍展が扱った戦争はすべてドイツの攻勢期および守勢期に当たる。これまで何度も指摘してきたように、第二次大戦の記憶はスターリングラード戦以後の敗退期の東部戦線に濃縮されてきた。しかし国防軍展は、記憶が希薄だった攻勢・守勢期の国防軍兵士とその戦争にスポットを当てることによって、『犬ども』や『スターリングラード』で引かれていた区分線をきれいに消し去り、能動的犠牲者として戦い、受動的犠牲

図表 4-7

図表 4-8

者として死んでいったはずの国防軍兵士を加害者・犯罪者へと一変させてしまったのである。

　第一の国防軍展では写真が重要な役割を果たした。そこでは総数一四三三枚の写真が使用され、この展示会は「写真展」とも呼ばれたが、単なる数の問題なのではなかった。そこで展示された写真のうち約二割だけが従軍記者などによるプロパガンダ写真で、残りの八割がドイツ兵によるプライベート写真だったからである。ドイツ兵の多くはカメラを持参しており、この展示会で「犯罪」の証拠となる写真も多く撮影し、その焼き増しも出回っていた。それらの写真は所有者が戦死、あるいは捕虜となったのちに当地に残され、一部が東欧諸国で保管されていた。冷戦の終結以後にそれらの写真は歴史資料として使用することが可能になり、その一部が国防軍展で披露されたのである。[30] そこに写し出されているのは、国防軍兵士が加害者として見つめている犯罪の姿である。その大半は隠し撮りのアングルではない写真(たとえばベラルーシにおけるユダヤ人の大量射殺の写真——図表4-7)[31]であり、そのなかには記念写真のように犠牲者とともに撮られている写真

（たとえばソ連における絞殺処刑の写真——図表４－８）[32]が少なくない。つまりそこには「犯罪」の自覚なしに、あるいは手柄として行っていた自らの行為が写し出されているのである。これらの写真を前にして「汚れなき国防軍」の能動的・受動的犠牲者としての兵士のイメージは雲散霧消せざるをえなかった。

そのインパクトは大きかった。アーヘンの青年は「写真を通して私たちが当時の出来事にもった印象は、歴史教科書では伝えられることができないような生々しさでした」[33]と来館記念帳に記し、ミュンヘンの男子学生は「セルビアの殺された死者の約七〇〇枚の写真はとても深い印象を私に残しました。〔……〕一枚の写真は二万人の死者の数よりもずっと多くのことを語るものなのですね」[34]と書簡に綴った。それより年齢が高い世代は、展示された写真に夫や父を見出す不安に襲われた。実際に、来館記念帳には「兵士たちのなかに私の父の顔を発見するのではないかと不安だ」[35]と書かれているが、中には現実に見出してしまう来館者もいた。展示会ガイドの報告によれば「写真の一枚に父を——兵士として——はっきり見きわめた一人の女性がいた。彼はけっして戦後、そのことについて話さなかったという。この男は何を見て、何をしたのか。発見したり、恐ろしい事実を認識したりする事はしばしば起こった」のだという[36]。またある女性も一枚の写真に絞首刑の縄を引き上げている亡父を確認し、その写真（図表４－９）[37]の番号も

図表 4-9

図表 4-10

図表 4-11

書簡で伝えている。帰宅した後、家族アルバムで若き頃の父の顔を確かめ、虫眼鏡と父親の写真数枚を懐に入れて、ふたたび展示会を訪ねた彼女は、そのときの思いを「そのような発見をしたときに、娘として何を感じるのかきっと想像できるでしょう。それは私にとってとてつもない精神的重荷です」と伝えている。[38] もちろんこのような発見は稀であった。しかし、すべての「犯罪」が写真に収められ、そこに展示されているわけではないから、見出さなかったことが自分の父親や祖父の「無罪」を証明しているわけではない。そこに写っていて、来館者が発見しているのは「私の父や祖父」ではないかもしれないが、「私たちの父たちや祖父たち」の姿であった。

　ミュンヘンでの国防軍展から国際的に知られるようになり、「国防軍の犯罪」を表象するようになった写真が、イコンとしての機能を帯びていった。それは、セルビアの都市パンチェヴォで国防軍将校が親衛隊将校の隣で市民にピストルでとどめを刺そうとしている写真(図表4-10)[39]であり、背後には国防軍兵士が立ち並んでいる。この写真は四一年に従軍報道官が国防軍によるパンチェヴォ市民の絞殺と銃殺を撮った五〇枚ほどの写真の一枚であり、彼はその写真を隠し持ったまま帰国し、六三年に公表している。しかし大きな反響もなく、ミュンヘンの国防軍展をきっかけに急にこの写真は注目されたのである。数多くの新聞にこのパンチェヴァの写真が掲載され、『シュピーゲル』誌では九七年三月一〇日号で表紙(図表4-11)に使われている。[40] 九八年一月二日号の『ツァイト』紙にはこの写真のパロディが掲載され、[41] またミュンヘンでの反国防軍展デモに対する対抗デモでも「国防軍なしにホロコーストはなかった」と書かれたプラカードにこの写真が利用されている。[42] こうしてアウシュヴィッツ絶滅収容所の門、そこへ向かう家畜用貨物列車、強制収容所の解放後に山と積まれた皮肉枯痩の死体の山、ワルシャワ・ゲットー蜂起で手をあげる少年などの写真とならんで、いまやパンチェヴァの写真も――たしかにこの場合はユダヤ人殺戮ではないという意味でホロコーストの写真ではなく、知名度も比較的低いが――ホロコーストのイコンに加わることになった。それまでホロコーストの主要な舞台と殺害方法として表象=代表されてきたのは強制収容所とゲットーおよびガス殺と餓死であったが、国防軍展とパンチェヴァの写真はホロコーストの記憶のなかに〈占領地における射殺・絞殺〉という構成要素も刻みつけることになったのである。[43]

(3)「親密空間化」された神話的暴力の記憶

犯罪者として身内の顔を公的にさらしかねず、私的な感情を逆なでするこの展示の手法には批判もあったが、歴史家のN・フライはそれを肯定的に捉えている。ナチズムの過去との社会的な取り組みにおいて公的な議論を喚起するためにはDramatisierung(ドラマ化/劇場化/劇的な誇張)の何らかの形態――たとえばアンネの日記やアウシュヴィッツ裁判――が必要であるが、国防軍展はその形態をとることによって「汚れなき国防軍」伝説に関する社会的省察を推し進めることに成功した」からだという。[44] ナチズムの過去に関して公的な議論をドイツ史上もっとも喚起したDramatisierungは七九年に放映された『ホロコースト』であることは間違いない。国防軍展によって加害者としての「普通の男たち」も公的なホロコースト像に不可欠となったと指摘する歴史家のH・クノッホは、国防軍展は影響力の点で『ホロコースト』と肩を並べているとまで発言している。[45] 一方、同じ歴史家のU・フレーフェルトは国防軍展が『ホロコースト』と肩を並べている点をナチズムとの取り組みの「親密空間化(Intimisierung)」に求めている。[46]「この展示会の特別な爆破力は、それが集団的な記憶だけではなく、私的な記憶も攻撃し、こうして戦争の記憶の風景を根本的に鋤き返したことにある」[47] からである。

しかし、フレーフェルトのいう「私的な記憶」の「攻撃」を、六八年世代に典型的であると言われている父親世代の糾弾の意味で理解すべきではないだろう。戦後五〇年を過ぎて第二次世界大戦の兵士世代はすでに社会の第一線を退き、多くが鬼籍に入っているからである。国防軍兵士世代がまだ多くの議席を保有していた政界でも、H・シュミット元首相やR・v・ヴァイツゼッカー元大統領などの元将校は要職をすでに去っており、ボンで国防軍展が開催されているあいだに政権交代が起こると、終戦期前後生まれの「六八年世代」が首相(G・シュレーダー)や外相(J・フィッシャー)、財務相(O・ラフォンテーヌ)だけでなく、国防相(R・シャーピング)の座も占めた。連邦軍においても国防軍に帰属していた幹部は姿を消しつつあった。国防軍展の開始から八カ月後に、当時の国防相V・リューエ(キリスト教民主同盟)は連邦軍司令官会議の席上で「国防軍は第三帝国の組織としてその上層部が部隊と兵士もろともナチズムの犯罪に巻き込まれました。したがって〔連邦軍は〕制度として国防軍の伝統に基づいていません」と発言したのである。[48] 連邦議会での国防軍展をめぐる議論でもリューエは、「国防軍はナチの野蛮の真ん中でひきつづき汚れることのなかった礼節と名誉の牙城であったという信念」、つまり「汚れなき国防軍」神話が歴史研究によって論駁されたことを認めたうえで、司令官会議での発言をくり返した。「主観的には名誉ある勇敢な職務を行っていても、同時にそれは客観的には犯罪体制のための出動となっていたということは、第二次世界大戦における兵士の義務意識の悲劇性の本質なのです」と国防軍兵士にやや同情を示しながらも、連邦軍のトップである国防相が国防軍を弁護する必要を感じることなく、制度として国防軍との断絶を試みたことは、[49] 前述の世代交代と無関係ではありないであろう。二一世紀を迎えようとしていたその当時、第三帝国を支えた世代に対する糾弾は意味を失いつつあったのである。

そして、「汚れなき国防軍」の神話が「六八年」ではなく、九〇年代後半の国防軍展によって崩壊していったということは、六八年世代のものとされる「父親世代」への糾弾は「父親世代」の過去に対する政治的な糾弾であって、「父親」の個人的な具体的な過去はむしろ問われないまま、家庭内では沈黙が支配していたことを意味していたといえよう。そして国防軍展に対する反応を見てみると、展示会反対派は――展示会の総監督ヘールが「六八年」の急進的な闘士であった過去をあげつらいながら――「祖父・父親世代」の「十把一からげ」の糾弾を批判している一方で、賛成派は「祖父・父親」の過去を知る機会としてこの展示会を歓迎しているのである。そのような意味での国防軍展への感謝の言葉は以下のように来館記念帳に多く見られる。

「ヤン・フィリップ・レームツマ、展示会、ありがとう。ドイツ人の若い戦争参加者(ベラルーシ)の娘としていま私は多くのことに理解を深めました(50)」。

「私の父もロシア出征に参加しましたが、私に一度も真実を語らなかったので、ドイツとオーストリアの兵士が何をしでかしたのかはじめて目にすることになりました。〔……〕ありがとう、この展示会は私にはとても役立ちました(51)」。

「いま私は父を——あたりまえのことだが——別の目で見ていて、いつも私が推測していたことは確信になりました——私は戦争中に父がいたところを見て、突然にとても多くのことを理解することができました。/展示会に感謝いたします(52)」。

「私にとって、父(二四年生まれ)も戦争にいたことが最大の問題なのです。一七歳で志願して、五年間ロシアで捕虜となり、親衛隊に所属していました。私にとって彼は愛する父なのです。しかし彼はそこで何をしたのでしょうか。彼は私には、ユダヤ人射殺とは何もかかわっていないと語りました。〔……〕彼は一二年前の昨日、六〇歳で死にました。彼は戦争についてけっして語りませんでした(53)」。

ヘールは連邦議会におけるドレッガーの「世代間のくさび」発言を取り上げ、この展示会は「世代間にくさびを打ち込んだのではなく、そのくさびを見えるようにしただけなのだ」と『ツァイト』紙に記している。ヘールのいう「くさび」とは、旧兵士であった父親たちの「沈黙、奥歯に物が挟まったような口ぶり、嘘」のことを指している(54)。この表現を用いるなら、多くの市民が来館したのはこの

図表 4-12

「くさび」を引き抜こうとしたためであり、国防軍展はこの「くさび」のために知ることができなかった祖父や父親たちの過去を生々しく伝えたのである。来館者は父や祖父自身がシャッターを押し、大半が縦横十数センチというアルバム・サイズで展示された写真を、家族アルバムをめくるかのようにして眺めていく(図表4－12)[55]ことで、父や祖父たちと再会し、はじめてその過去について会話することができた。そのことに対して来館者の多くは感謝の気持ちを展示会に伝えたといえよう。

こうしてナチズム、戦争、ホロコーストの過去は家族の歴史として感じとられるようになった。フレーフェルトのいう「親密空間化」はこの意味で理解されなければならないだろう。そのことを如実に表しているのが、九七年の連邦議会における議論であった。二〇年生まれのドレッガーと四八年生まれのフィッシャーおよび六〇年生まれのV・ベックのあいだで「世代闘争」が展開されたあとに演壇に立った社会民主党のO・シリーは、「今日、私たちが議論するテーマは論戦に適していません」と前置きして、自分の家族の過去を語り始めたのである。彼は、「ヒトラー・レジームの犯罪に絶望して死を求めた」空軍大佐のおじ、外国逃亡に失敗したあとに前線勤務を志願して片目と片腕の機能を失った一番上の兄、「ナチ・レジームの断固たる反対者」であった父、そしてユダヤ人のパルチザンとしてドイツ国防軍と戦った妻の父の存在を紹介したあと、このなかで「正しいことのために命を賭けた唯一の人」は「人種妄想、ヒトラー・レジームの非人道の遂行人になり下がり、こうして名誉を失った軍隊と戦った」義父であると語って、キリスト教民主・社会同盟の議員からも拍手を受けた[56]。また緑の党のC・ニケルスは、数年前に死亡した父親が、五〇年代に炎と子供を怖がって毎晩うなされていたと母親から聞いたこと、偶然に「髑髏のついた〔親衛隊の〕黒い制服」を着た父親の写真を見つけたが、そのことを父に問いただす勇気をもてなかったこと、マイダネク強制収容所跡を見学したときに、「人生と子供を愛し」ながらも、「限りなく恐ろしい罪を背負った」兵士の一人の娘であることを自覚したということなど、家族にまつわる物語を紹介した[57]。

一方、国防軍展に反対する側も家族の物語をもちだした。終戦時に新しい国境の東側から追放されたドイツ人のための利益団体である連邦被追放者連盟の会長に一年後に就任することになるキリスト教民主同盟のE・シュタインバッハは、祖父が強制収容所にいたことが原因で死亡し、大叔父が安楽死の犠牲者であったことを思い起こし、「私たちの家族の犠牲者のため、もはや身を守ることができない人のため」に「一二年間の悲痛な歴史をとても注意深くくまなく光を当てなければならない」ことが共通認識であることを確認した。そのうえで国防軍展が一面的であることを批判し、緑の党議員が「自分自身の父親や祖父たちについて語ったときの横柄さ」に吐き気を催し、「それは私たちの歴史全体にふさわしいものではありません」と断言したのである[58]。同じ党のH・ガイスラーも戦死した兄と父が「圧倒的な数の人びと」と同様に犯罪人ではなく、「政治ギャングにそそのかされた世界大戦の乱痴気の犠牲者」であったと述べ[59]、キリスト教社会同盟党首のT・ヴァイゲルは一七歳で召集され、一八歳で戦死した兄の墓地を三年前に見つけたという逸話を披露している。[60]

このような戦争の記憶の「親密空間化」をもたらした国防軍展の意義を公の場でもっとも的確に表現している政治家は、ミュンヘン市長、ベルリン市長、国務大臣、社会民主党党首などを歴任してきたＨ－Ｊ・フォーゲルであろう。九七年九月一三日に始まるマールブルクでの国防軍展の開会セレモニーで演説した彼は、この展示会とその発起人のずば抜けた功績は公的な議論を始動させたことではなく、「今日までつづいていた沈黙を終わらせた」こと、「ようやく世代間の対話が始まったこと、私の世代の生き残りが数十年も沈黙してきて、意識にもはや上らせることがなかった体験について自分の子供や孫と語るようになったこと」にあると語った。ミュンヘンでの展示会では、このような対話や語りが、長蛇の列に並んで入館を待っているあいだも、展示会のなかでも、退館した後にも行われたのだという。この会話と語りは連邦議会でも行われ、国の代表者たちは自分の家族の過去をめぐるエピソードを物語ったが、これは連邦議会ではめったにない「世紀の一瞬」だったとフォーゲルはその歴史的意義を強調した。[61]

『スターリングラード』では受動的犠牲者としての「普通の兵士」が描かれていたが、いまや国防軍展を通して「犯罪人」でもありうる「私たちの父たち」が、沈黙という対話の壁を打ち破って、戦争の記憶のなかにあらわれ出てきたのである。

もちろん、過大評価は禁物である。国防軍展では異例の入館者数が記録されたが、それでも成人の七〇人に一人ほどが実際に展示を見たにすぎない。しかも、フランクフルトにおける展示会で行われた入館者調査[62]によれば、八〇％以上が大学入学許可をもつか、大卒者であるから、展示会を訪れた人には学歴において大きな偏りがある。そして来館者の女性の九七％、男性の九三％がこの展示の重要性を認めていることから、国防軍展を訪れていたのは、左翼志向で、緑の党の支持率の高い高学歴層であり、この展示の意図にもともと肯定的であった人びとだったといえよう。逆に言えば、その右側には次のような中間的な幅広い社会層が存在していた。つまり、国防軍展に多少の関心はいだき、その意図に拒否的態度は取らなかったにしても、あえて国防軍展に足を運ぼうとはしなかったが、映画『スターリングラード』には関心を抱いて、少なくともテレビ上映のさいには画像を見つめていたような人びとである。

一方、この展示の意図を拒否する保守・極右志向の社会層は、この機会に「左翼」の歴史認識に対する戦線を形成していった。とくに、九六年の党大会で党首に選出されたU・フォイクトのもとで「議会闘争」、「頭脳闘争」、「ストリート闘争」の三本柱の戦術を展開して、極右運動の刷新を目指していたドイツ国民民主党は、ミュンヘン以後も反国防軍展デモのイニシアティヴを握り、ネオナチ勢力がこれに加わった[63]。その文化活動のなかで極右ロックには国防軍展を標的にした歌詞が数多くみられる。たとえば、極右バンドの「ユングシュトゥルム」の『嘘の展示会』は、「だが俺たちはこの支配者から惑わされない／やつらの嘘物語は俺たちをけっして教導できない／俺たちはわが国防軍兵士の真実を知っているからだ／兵卒の英雄行為はいまでも忘れ去られていない／嘘／ここで国民的抵抗が行進していく／嘘の展示会」（傍点引用者）と歌い、ランザーの『国民よ、銃をとれ』では「民族よ、レームツマとヘールに対して銃を取れ／民族よ、レームツマとヘールに対して銃を取れ〔……〕千年のドイツの歴史のなかで／こんな不正は一度もなかった！／数百万人が死んだ、勇敢な兵士たちが／そして二人のブタ野郎が生きている」と、この展示会へのラディカルな抵抗を訴えている。その急進性の由来は、極右バンドと極右主義者が国防軍兵士を模範的な能動的犠牲者である「英雄」として理想化していることに見出される。このことを典型的に表現しているのが、極右バンド、オイドクシーの『ドイツ国防軍の栄誉』である。

「彼らはすべて前線で勇ましく、勇敢に、力強く走った／来る日も来る日もドイツのために命の危険を冒した／ドイツ国防軍の名誉／おまえたちの誰もが英雄だったし、英雄のままなのだ／家族、民族、祖国のために／肩を並べて、手をとりあって／その多くが氷のなかで凍死したけれど／誰もが誓いを守った／今日、彼らは犯罪者として侮蔑されている／しかし死んだ英雄たちは身を守ることができない／この裏切り者たちのことは俺たちに任せてもらおう／そして俺たちはおまえたちを永遠に敬うだろう」

以上からは、国防軍をめぐる論争は、政治的左右軸にそって想起される三つの兵士像をめぐる闘争であると言い換えることができる。すなわちそれは〈受動的犠牲者に対する加害－犯罪者〉vs〈受動的犠牲者〉vs〈能動的犠牲者および英雄〉である。こうして国防軍展は国民としての主体形成に関わる問題を投げかけることになった。たとえば、フランクフルトのパウロ教会で開催された国防軍展の開会セレモニーでヘッセン州首相のH・アイヒェル（社会民主党）は次のように述べている。

「そして私は、この展示会が開催され、じっくり見学され、議論されることを薦めますが、それは私たちの民主主義を維持していくために必要であると思うからです。〔……〕それは、私たちの民主主義の歴史を――ここパウロ教会にその歴史の根源があり、そこで最初に挫折したことを、三〇年代にこの歴史が新たに重大な挫折に陥ったことを――思い起こすためなのです(64)」。

アイヒェルは、国防軍兵士が「犯罪者」であった過去を想起している展示会を見学することが「私たちの民主主義を維持していくために」必要であることを説いているが、国防軍が「英雄／能動的犠牲者」だけではなく、「受動的犠牲者」として想起されても民主主義にとって不十分であることがここでは裏返しに主張されている。換言すれば、ナチ体制が〈国民をだまし、国民が受動的犠牲者になることで存立し、国民が関与することも、知ることもなく犯罪が遂行された体制〉ではなく、〈国民が堅固に支え、その犯罪にも深く関与していた体制〉であったことを想起することが、民主主義としての統一ドイツの体制を維持するための必要条件であることが提唱されているのである。記憶が「親密空間化」されていくなかでそれは、ナチズムの犯罪に関与していたのが同じ居間のソファーに腰を沈めてテレビを見ていた(いる)「私たちの父たち／祖父たち」であり、「私たち」国民が犯罪者の子孫であることを認めることを意味する。つまり、自己としての「私たちの父たち／祖父たち」が他者に行使した暴力が「神話的暴力」として、犯罪者の子孫によって痛々しく想起されることになった。まさにこの記憶は統一ドイツの体制にかかわる問題となったのである。

このように国防軍展が統一後の新体制の正当性にかかわる問題として知覚されていくにしたがって、

この展示会は公的な式典の様相を帯びていった。民間の研究所の展示会として開催された国防軍展は、たしかに連邦議会での開催を実現できなかったが、ハノーファーでは市庁舎で、フランクフルトではパウロ教会で、キールでは「このテーマは国民の周辺ではなく、中心に属しています。州議会は少なくともその象徴的な中心です」（社会民主党のＨ－Ｗ・アーレンス議長）という理由から州議会で開催され、開会セレモニーもますます厳粛にものになっていった。[65] そこで展示された写真の誤謬を指摘したポーランドの歴史家であるＢ・ムシャウの言葉を用いれば、国防軍展は九七年の三月と四月の「連邦議会での議論によって神聖なものになり」[66]、九七年一二月に国際人権連盟のカール・フォン・オシエツキー賞を受賞して、「統一ドイツのほとんど宗教的な礼拝対象に変化していく重要な段階」に入った。ムシャウが『ヴェルト』紙上でレームツマと対談し、見学もしていないのに多くの人がこの展示会を批判し、また推奨していて、歴史学的な客観性ではなく、政治性が重要になったことを指摘すると、それに同意したレームツマも国防軍展の見学が「宗教告白のようなものになった」ことを認めている。[67]

ここからは、爆破がもくろまれるような批判や憎悪の対象でもあったという意味でも、国防軍展がいまや歴史的記念碑と類似した存在になったことを確認できるだろう。国防軍とその兵士の犯罪をセンセーショナルな写真で「十把一からげ」に示す手法を控えた展示に国防軍展が改変され、それが「コンセンサス展示会」として認められたことで、国防軍展は歴史的役割を終えたが、その余波はドイツ社会を揺らしつづけた。次に、この余波を「私たちの父たち／母たち」を描いた映画と、軍務拒否のために国防軍から暴力を受けたドイツ兵の運命から体感してみよう。

3　映画『私たちの母たち、私たちの父たち』

二〇一三年三月の一七、一八、二〇日の三夜にZDF(ドイツ第二テレビ放送)製作の映画『私たちの母たち、私たちの父たち』(邦題は『ジェネレーション・ウォー』)(68)が放送され、三夜とも二〇%以上の視聴率と平均七〇〇〇万人以上の視聴者数をあげて話題となったが、この映画もまた、国防軍展によってもたらされた歴史認識と歴史観の変化を明確に反映していた。まずはその物語を追ってみよう。

一九四一年夏に二〇歳前後の五人の若者が閉店後のベルリンの居酒屋に集うシーンからこの映画の物語は実質的に始まる。東部戦線に出征するヴィルヘルムとフリートヘルムの兄弟、看護師資格試験に合格して、東部戦線の野戦病院での勤務を志願したシャルロッテ、歌手として名声を得ることを夢見ていたグレータ、その恋人で、家業を継いでいたユダヤ人のヴィクトアの五人の幼なじみは、しばしの別れを惜しむ宴を楽しみ、その年のクリスマスでの再会を誓い合った。しかしこの五人はナチス支配とその第二次世界大戦の遂行に翻弄され、その現実を生々しく体験していく。ヴィルヘルムは将校として軍の命令を忠実に果たそうとするが、やがて脱走兵となり、死刑判決を受けたものの「懲罰部隊」で生きて終戦を迎えることができた。文学青年で、反戦思想をもった弟のフリートヘルムは兄が指揮する部隊に配属され、しばしば兄と反目し合うが、やがて理性の歯止めを失っていくなかで、冷酷な戦闘員と化し、戦場で最期を迎える。シャルロッテも従軍看護師として戦争の現実を目の当たりにし、一度は赤軍の支配下に取り残されてしまうが、ベルリンへの帰還を果たすことができた。グレータはゲシュタポに勤務する親衛隊員に身を売ることでレコード・デビューを実現するが、同時にユダヤ人のヴィクトアの国外脱出の手助けも依頼し、その約束を取り付け、東部戦線に慰問公演に旅立つ。そこで三人の旧友との再会を果たすが、同様に戦争の現実を知り、帰国後にその現実を兵士たちの前で語ると、敗北主義を広めた罪で逮捕され、終戦直前に銃殺される。一方、恋人のヴィクトアは、出国しようと外に出たところでゲシュタポに拘束され、アウシュヴィッツ行きの貨車に乗せられるが、床板をぶち破って貨車から脱走することに成功し、ポーランドのパルチザン国内軍に加わり、終戦後に帰国を果たした。こうして、想像もしていなかった体験を経て生きのびることができた三人が、廃墟と化したベルリンの居酒屋でふたたび杯を交わして物語は終わる。

当初、「ドイツの記憶文化の新たな里程標」(『シュピーゲル』誌)[69]、「ドイツのテレビに新種の現代史ドラマを確立した世界大戦叙事詩」(『シュピーゲル・オンライン』)[70]、「壮大な反戦映画」(『フランクフルト・ルントシャウ』紙)[71]、「七〇年以上も遅れて映像面にとどいた野戦郵便」(『ターゲスシュピーゲル』紙)[72]、「これ以上に誠実な記念碑が私たちの母たちと父たちのために建てられることはできない」(『ヴェルト』紙日曜版)[73]など、メディアの評価は高かった。『フランクフルト一般新聞』の共同編集者のF・シルマッハーは、第一部が始まる日曜に「家族を呼び集めて、テレビを見なさい」と呼びかけている[74]。

とくに、戦争を「舞台装置としてではなく、どの瞬間も汚く、血にまみれたものとして」(『南ドイツ新聞』)[75]、「まったく包み隠すことなく、痛々しい正確なリアリズムで、メロドラマの要素を一切排除して」(『ヴェルト』紙日曜版)[76]描き出し、「感情移入させるが、情け容赦ないZDFの映画叙事詩」(『フランクフルト・ルントシャウ』紙)[77]であるといったように、この映画が戦争の現実をリアルに描いていることが強調された。歴史家もこの点を評価した。H・U・ヴェーラーは「これは非常によく調査されています。そのかぎりでこれは感心できる出来栄えです」とインタビューで語り[78]、N・フライは「ドイツのテレビで私たちは対ソ戦争を美化せずにこんなにも赤裸々に見たことがなかった。これだけでもすでに進歩である」とこの映画を評している。[79] 実際にこの映画は、国防軍展で明らかにされた国防軍の戦争犯罪へのかかわりが主人公の行為として表現されている。将校のヴィルヘルムは捕虜となった赤軍の政治将校を「コミッサール指令」にもとづいてみずから銃殺し、地雷原にはまり込んだ部隊の行進の先頭に地域住民を立たせて、地雷の餌食の身代わりにしている。理性の歯止めを失った弟のフリートヘルムもパルチザンの処刑に積極的に関わっていく。また、野戦病院で勤務するシャルロッテはウクライナ人の仕事仲間がユダヤ系であることを密告して、間接的にホロコーストに加担している。『南ドイツ新聞』は「ドイツ人はもはやまったくの他者であると、つまりいつも清廉潔白であると自分を確認することはできない」という論評をこの映画に添えたが、[80] 国防軍展で定着していった歴史認識が映画というフィクションを通してふたたび確認されたといえよう。ナチ党やゲシュタポ、親衛隊のような「他者」ではなく、国防軍というドイツ人男性の多数が帰属した組織の一員、すなわち家族の一員の犯罪が問題とされたのである。

このような「私たちの母たち、私たちの父たち」の犯罪を赤裸々に映し出した映画製作者の意図は、その世代の歴史的責任を問いただすことにあるのではない。むしろ、ＺＤＦのテレビ映画編集部長のＨ・ヘムペルの言葉を借りれば、「私たちの目的は、世代間と家族のなかに会話の気分を起こすこと」であった。[81] 戦争のテーマに関して多くの家族のなかに存在した沈黙の「蓋」を吹き上げる「テレビ事件」を引き起こすことが意図されていたのである。実際にＺＤＦのプレス向けの文書には「あなたがた全員に、世代をこえて自分自身の家族の歴史について論じ合う――生き埋めにされてしまったこと、押さえ付けられてしまったこと、口に出すことができなかったことを語る――きっかけと勇気を提供したいと思う」とこの映画の目的が書かれている。[82] プロデューサーのＮ・ホフマンはこの映画の製作において中心的な役割を担ったが、彼の両親がこの映画の主人公のモデルであった。そして実際にこの映画は戦争体験に関する親子の会話を誘発した。五九年生まれのホフマンは第二次大戦の旧兵士であった父親とそれまで歴史認識をめぐってたえず争い、父親と戦争に関して語り合うことはなかったが、この映画は「数十年ものあいだ抑え込んでいた感情を搔き上げ」[83]、当時の時代のことをこと細かに語ることができたという体験を『シュピーゲル』誌のインタビューで語っている。「これまで父とこんなに親密になったことはなかった」のであり、この映画は「家族の口論の幕引き」の役割を果たしたのだという。これは「ＺＤＦが一四〇〇万ユーロ（＝この映画の製作費総額）の治療費を支払って行われたセラピーということですか」というインタビュアーの皮肉にホフマンは「この映画が私だけに付加価値をもったとしたら、悲しいことですね」と返した。

この点でも『私たちの母たち、私たちの父たち』は国防軍展と類似した機能を果たしたといえる。

国防軍に帰属した父親たちの犯罪をドキュメンタリー風の物語を通して知ることで、世代間の沈黙が打ち破られ、ナチズムと戦争の過去が「親密空間化」されていくことが期待されていたのである。先述したシルマッハーの「家族を呼び集めて、テレビを見なさい」という呼びかけも、その意味においてであった。第二次世界大戦を生きた世代が「毎秒、毎分、消えつつある。まもなくそこにいた人がもはやいなくなる」現在において、この映画は世代をこえて戦争の歴史を語るために「時間を止め、少なくとも一時間を追加で獲得するラストチャンス」であるから、この映画を観るには祖父母、両親、子供の「六つの両眼」が必要だというのである。[84] 歴史家のG・アリーは、プロデューサーのホフマンを前にしてこの映画を「こけおどしにすぎない長い大作」と酷評しながらも、東部戦線で重傷を負った父親と戦時中に補助看護師をしていた母親をこの映画のなかで再認識したことを認め、「語られなかった歴史・物語をようやく語れるようにした」ことがこの映画の生産的な側面であると評価している。[85] また、『フランクフルト・ルントシャウ』紙の編集部に「読者の声」を送った五五年生まれの女性は、戦争体験の記憶によって精神的に荒廃したまま他界した父親をもち、彼が最後まで語らなかった「最悪のこと」が何であるのか自問しつづけたが、彼女はその答えをこの映画に求め、「私の父は五人のなかの一人だ」とこの映画のなかに父親を見出している。[86] これほど劇的ではなくとも、この映画を通して子世代と孫世代が「私たちの(祖)母たち、私たちの(祖)父たち」の戦争体験を「私たち」の過去として理解していったようである。映画の主人公に自己同一化できるかというシルマッハーからの質問に孫世代に当たる二八歳の女性は、この体験をしたのが私たちの祖父母世代であることをしばらく忘れてしまうほど、この主人公に自己同一化したと答えている。[87]「祖父母」たちが犯した罪を認識することで、ドイツ国民共同体は世代間断絶を乗り越え、時間的連続性を回復することを試みたのである。

当時は欧州議会議長で、のちに社会民主党の党首となるＭ・シュルツは『フランクフルト一般新聞』に「この映画の歴史・物語が私たちに教えていること」[88]と題する論考を寄せている。彼の父親は四〇年四月三〇日に結婚し、五月五日に招集されているから、両親がまさに『私たちの母たち、私たちの父たち』の主人公の世代であるが、彼は「私の父」がその世代のほかのほとんどすべての男性と同じように「殺人マシーンの歯車」になったことを認めた。しかしこうして引き起こされたヨーロッパの破壊から正しい結論が引き出されたという。「私たちドイツ人は世界をきわめて忌まわしい犯罪で覆いましたが、私たちの隣人は私たちを屈服させるのではなく、手を差し伸べるチャンスを与えることを決定した」からだと、この欧州議会議長は断言した。ここにおいて、自らの父親も含むドイツ人が加害者として振るった暴力は、ＥＵの一員としての現在のドイツ体制にとっての「神話的暴力」として記憶されているのである。

この論考に対して、のちに右翼ポピュリズム政党「ドイツのための選択肢」で政治活動を展開することになるＮ・ヘムメーラー[89]は同紙の編集部に「読者の声」を届けている。彼は、東部戦線で重傷を負った父親と障がい児を安楽死から守ろうとしたために看護師として前線に懲戒転任させられた母親を思い起こしながら、「私たちドイツ人」が犯罪者であるかのようなシュルツの発言に反発し、「世界をきわめて忌まわしい犯罪で覆った」のは「ナチの犯罪者」であると言い換えた。ナチスから人生のもっとも麗しい年月と財産と健康を奪われた「両親と実質的にすべてのドイツ人は何はさておき犠牲者だった」と述べ、彼は『私たちの母たち、私たちの父たち』の主人公たちを「犠牲者」のカテゴリーで理解したのである。

これに対して歴史家のU・ヘルベルトは、『私たちの母たち、私たちの父たち』が主人公の全員を最終的に「犠牲者」として描いているために、主人公の五人は「私たちの母たち、私たちの父たち」の世代を歴史的に表象＝代表していないことを問題視している。この世代は本来ナチズムに熱狂した割合が特別に高く、「正しいと思ったためにドイツの勝利、ナチス・ドイツの勝利を望んだ、高度にイデオロギー化され、政治化された」世代であった。それにもかかわらず、ナチズムやヒトラー、戦勝に対する熱狂がこの映画にあらわれることはなく、一方でゲシュタポや秘密情報機関の帰属者として登場する紋切り型(冷酷、残忍、好色)の典型的な「ナチス」は「私たちの母たち、私たちの父たち」の他者として立ち現われるのだという(90)。歴史家のV・クニッゲも、映画で描かれたのとは異なり、この世代は「総統の背後に立つ民族至上主義的《フェルキッシュ》な確信を抱いた世代」であったと批判している(91)。国防軍展の総監督であったヘールもこの議論に同意した。四一年に始まり、終戦で終わるこの映画では、それ以前のナチの国家と社会が「欠落」しているだけではなく、五人の主人公も前史をもたない。つまりこの五人がナチ国家によってどのように社会化され、政治化されていたのか、まったく示されていないという(92)。

実際にこの映画のなかで「ナチス」は、主人公のヴィクトアをアウシュヴィッツに送り、グレータを死に追いやっただけではなく、ヴィルヘルムとフリートヘルムによって殺されてもいる。つまり、この主人公たちによって表象＝代表された「私たちの母たち、私たちの父たち」は、犯罪に手を染めたかもしれないが、「ナチス」の犠牲者や敵対者なのであって、けっして「ナチス」ではない。そして、ヴィルヘルムは脱走兵として死刑判決を受け、その後も脱走を実行することで、冷酷な戦争マシーンになったフリートヘルムは少年兵の命を救うために死を選択することで、ナチスに魂を売ったグレータは反戦的言動によって処刑されることで、ユダヤ人を密告したシャルロッテは、ドイツ軍に協力したロシア人看護師を救おうとして逃げ遅れ、赤軍の手中に落ちるが、密告された本人の許しによって救済されることで、それぞれ罪を浄化している。ユダヤ人のヴィクトアを除いて、主人公はみな罪を犯しているが、最終的に全員が戦争とナチ支配の犠牲者となっていくのである。その意味で歴史学者のC・クラッセンの指摘は正鵠を射ているのかもしれない。この映画はすべての世代にとって、すなわち、引きつづき犠牲者として見られることを欲する戦争世代にとっても、その世代と和解を望む子供世代にとっても、「クール」なテレビ・シリーズを好む孫世代にとっても、都合のいいように創られているというのである。(93)

たしかに、「私たちの母たち、私たちの父たち」は、ナチスが政権掌握したときに選挙権をもっておらず、ナチスの国家と社会の中核を担ったり、戦争政策を推進したりするには若すぎた世代であった。したがって、たとえナチ・イデオロギーを信奉し、その体制と戦争に熱狂していたといえども、戦争の責任を負わせることはできず、戦争に「巻き込まれ」、負傷し、トラウマを負った犠牲者であったといえるかもしれない[94]。しかし、五人の主人公を「私たちの母たち、私たちの父たち」の世代の表象＝代表とみなすだけではなく、現在のドイツ共同体の歴史的モデルとして理解してみよう。そのとき、五人の主人公の一人がユダヤ人であり、ほかの四人は、加害者であったが、やがてその罪は浄化され、ナチ体制と戦争の犠牲者になっていくという物語の展開は、その世代特有の歴史的体験からのみ説明されうるものではないだろう。

むしろ『私たちの母たち、私たちの父たち』から私たちが認識できることはまず、現在のドイツ体制にとってナチ時代の想起にホロコーストが不可欠となっていることである。そのためにユダヤ人が主人公の一人として設定されているのだが、ほかの四人は彼の友人であり、直接的にホロコーストにかかわることもない。二人の兄弟だけでなく、国防軍のホロコーストへの関与もこの映画ではあいまいに表現されており、捕虜やパルチザンに対する戦争犯罪が彼らの主要な「罪」である。しかし間接的であれ、野戦病院も含む国防軍という組織の構成員として「私たちの母たち、私たちの父たち」がホロコーストを含む犯罪にかかわっていた加害者であることを承認し、それを「神話的暴力」であるとみなしたうえで、この映画は「ホロコースト・モデル」を歴史的自己に適用し、最終的にこの世代を「受動的犠牲者」として類比・表象しているのである。換言すれば、「加害者」としての自己認識は「受動的犠牲者」として認められるための前提条件であったと言える。先述したように改変された第二の国防軍展は「コンセンサス展示会」と呼ばれたが、『私たちの母たち、私たちの父たち』もまた、できるかぎりすべての世代から合意が取り付けられるように努められた「コンセンサス映画」であった。

4　脱走兵の名誉回復問題

前述したように、映画『スターリングラード』では二人の主人公とその部下一人が、怪我を装って帰国することを試みて、部隊から脱走している。もっともこの脱走は部隊がすでに戦闘組織として崩壊している絶望的な状況のなかで行われているが、映画『私たちの母たち、私たちの父たち』では主人公の一人は戦闘のさなかに部隊から脱走している。将校であるこの主人公は山小屋に籠って生活しているところを見つけられ、死刑判決を受けたが、執行が取り止められる代わりに懲罰部隊に配属され、最終的には戦争を生き延びることになる。この二つの映画は、観客の共感や自己同一化の対象である映画の主人公が脱走兵になるような物語が一九九〇年代以降に許容されるようになったことを示しているといえよう。

実際に同じ時期に脱走兵の名誉回復の動きが活発になっていった。たとえば、八〇年と九五年のあいだに脱走兵犠牲者の記念碑の建立をめざす市民運動が全国で六〇以上の地域で立ち上げられている。ブレーメンでは鉄兜と偽装網をかぶった兵士の頭部像（図表4－13）が「無名脱走兵」のために八六年に捧げられ、そこではナチスが好んだ英雄像とは対極にある兵士の姿が表現された。カッセルでは八七年に両大戦戦没者の顕彰碑のなかに、「ナチズムの暴力支配のための戦時の兵役に身を捧げること

図表 4-13

を拒否し、そのために迫害され、殺されたカッセルの兵士を記憶するために」と刻まれた記念板が設置され、同様の試みはそれ以降に多くの都市で実現されている。[95]

九〇年一〇月には、脱走兵だけではなく、戦時兵役拒否者や「国防力破壊工作者」にも死刑などの厳罰に処したナチ軍事司法の犠牲者の名誉回復を求める「ナチ軍事司法犠牲者全国協会」が発足した。[96] この年の夏には緑の党がこれらのナチ軍事司法の犠牲者の名誉回復と賠償を連邦議会に提議しているが、与党から拒否されている。[97] しかし九一年に連邦社会保障裁判所が処刑された脱走兵の妻への賠償をはじめて認める判決を下したことによって、脱走兵のイメージは大きく変わっていく。軍事法廷を「政治的なテロ体制」の執行機関であると判断したこの裁判所は、この体制で合法的に下された刑罰も「不法」とみなし、不法国家が国際法に違反して遂行した戦争において行われた「単純な不服従や部隊からの離脱」も「抵抗」であるから、賠償の対象から外してはならないと断言したからである。[98] さらに連邦最高裁判所は九五年一一月の判決で軍法裁判を「テロ司法」とみなし、戦後もキャリアを積んでいったその裁判官たちを「重大犯罪を伴う故意の法律濫用のために責任を負わなければならない血の裁判官」とよんだ。[99]

しかしこの時点でも、与党側は脱走兵の名誉回復と賠償をめざす法案に難色を示していた。その議論を紹介してみよう。九五年一月に社会民主党と緑の党の議員団から提出された議案をめぐって、三月に連邦議会で論戦が展開された。そのなかでキリスト教民主同盟議員のR・ショルツは、第二次世界大戦が「国際法に違反したヒトラー・ドイツの侵略戦争」であり、ナチ・レジームが「殺人的な全体主義暴力国家」であったことを認めながらも、国防軍裁判官がナチ・レジームの手先として罪があるのか、不当判決を下したのかという決定的な問題は十把一からげに判断されてはならず、個別的に検証されなければならないのだと主張した。つまり、「脱走」が政治的抵抗の性格をもつならば、それに対する有罪判決は不当なものであるが、脱走の理由が自らの不正行為にあり、そのために「戦友を裏切り、おそらくほかの人や兵士を命の危機に追い込み、命を落とすことに手を貸した」というような場合に、その判決を不当とみなすことができるのだろうかとショルツは疑義を唱えたのである。[100]

キリスト教社会同盟のN・ガイスも、「兵士が抵抗の理由からではなく、臆病から部隊を去り、そのことが部隊に重大な苦境や死の危機をもたらし、多くが命を落とさなければならなくなる場合」や「部隊が大きな損害を加えられ、また戦友が重大な生命の危機に陥り、それどころかおそらく生命を失う」場合を想定しながら、そのような行動を――その戦争が侵略戦争であろうが、なかろうが、たとえ「すべての尺度をこえた戦争」であっても、「連邦議会が逆の決議をした」としても――正当や合法であると認めることはできないと主張し、「この点で私は譲る気はありません。むしろ私たちはこのことを受けて立ちます」と鼻息を荒くした。[101] 彼の立場は明確である。彼は「残ったほかの側」、すなわち脱走せずに「部隊のなかで義務を果たさなければならない、部隊を離れてはいけないという感情をもった人」、換言すれば「能動的犠牲者」の側に立っていたのである。ナチ・レジームの「受動的犠牲者」である脱走兵の行為が十把一からげに「抵抗」とみなされるならば、「能動的犠牲者」の戦闘行為に不正の烙印が押され、その犠牲から意味と名誉が剝奪されかねないことを彼は恐れていた。

九六年に開催された第八回ドイツ福音主義教会会議の決議はこのような議論に明確に反論する内容となった。この決議は第二次世界大戦が「侵略戦争と絶滅戦争」であり、ナチス・ドイツによって引き起こされた「犯罪」であったこと、この「犯罪」に関与することを拒否した脱走兵は尊敬に値するのであり、処罰に値しないその行為に対して下された有罪判決が今日でも認められていることはばかげていると明言していたからである。この決議はさらに、脱走兵の名誉回復が義務を果たした大半のドイツ兵の評価を下げるという議論にも釘を刺している。当時のドイツ兵の大半は祖国への義務を果たしていると思っていた、あるいはこの戦争奉仕から身を引く可能性を見ていなかったが、脱走兵はその可能性を見ていたのだという。またその名誉回復は連邦軍の士気に悪影響をもたらすという議論に対しても、戦後の連邦軍は「侵略戦争になりかねないいかなる行動」や犯罪的な命令に従うことを禁じている民主的な法治国家の軍隊であると反論している。(102)

教会会議のこの公布にならって、九七年五月にドイツ連邦議会は「第二次世界大戦は侵略戦争および絶滅戦争であり、ナチス・ドイツによって引き起こされた犯罪であった」ことを認め、軍事法廷の犠牲者と遺族に「尊敬と同情」を表明した。(103) 同年七月にE・シュミット－ヨルトツィッヒ法相(自由民主党)はナチ時代の不当判決全体を破棄する法案を提出し、九八年五月に連邦議会はナチ不法判決の取り消し法を可決した。(104) そして保守中道連立から左翼連立に政権が交代した後の二〇〇二年五月に、逃亡兵に対する判決の一括取り消しとその名誉回復が連邦議会で決議された(105)。こうして脱走兵の歴史的評価をめぐる公的な論争はほぼ決着がついたのである。

すでにいくつか紹介したが、このような過程に伴ってドイツ全土に脱走兵の死を悼む大小さまざまな記念碑が成立していく。比較的早期の試みが旧東ドイツで行われた。脱走兵の評価をめぐる論争のために実現されなかったボンの記念碑を九〇年に受け継いだポツダム市が、一九九七年に公式に常設を決議して成立したのが、図表4－14の「無名脱走兵記念碑」である。碑の置かれた場所は以前はプロイセン国王の名のついた由緒ある広場であったが、東ドイツ政権によって国王像は撤去され、共産党と社会民主党の合同に由来する「統一広場」に改名された。七五年には「ファシズムと戦争による私たちの犠牲者とそれに対する私たちの闘争」に捧げられた社会主義的な記念碑が建立され、図表4－14の写真の奥にその姿が見える。したがってこの脱走兵記念碑には、その存在だけではなく、建立場所、すなわちこれまでのそれぞれの体制を表象＝代表する広場に建立されたことにもメッセージが込められたといえよう。

図表 4–14

九八年にベルリン郊外の都市、ベルナウに建立された脱走兵記念碑（図表4－15）もその形態が興味深いだけでなく、設置場所も重要な役割を果たしている。ここでは手と足を縛られ、目隠しをされて壁の前に立たされ、射殺された脱走兵が表現されており、壁には多くの弾痕と「彼は人殺しを望まな

図表 4-15

かったために〔射殺された〕」と刻まれた文字が見える。そしてこの脱走兵記念碑は、勝利の女神で飾られた解放戦争と統一戦争の戦没者慰霊碑のある由緒ある広場のなかに建立されたことで、英雄として讃えられた国民像の陰画としての役割を付与されている。

建立場所に重要なメッセージが込められたという点で特筆すべき記念碑[106]が二〇一五年にハンブルクのダムトーア駅前に成立した。もともとこの場所には一九三六年——すなわち戦前のナチ時代に——第一次大戦で戦没した第七六師団の兵士のための記念碑（図表4-16）が建立された。行進する兵士のレリーフ像の上には「ドイツは生きなければならない、たとえ私たちが死なねばならなくても」という碑文が浮き出ているように、戦意を鼓舞するナチ色の濃いミリタントな記念碑であったが、戦後も解体されずに保持されただけではなく、五〇年代末に第二次大戦の戦没者も追悼する「顕彰碑」として位置づけられたのである。七〇年代になってこのことが問題視されるようになると、ハンブルク市はこの記念碑に対する「対抗記念碑」として「戦争とファシズムに対する警告碑」を同所に設立することを決議した。そこには「ハンブルク大空襲」、「ノイエンガンメ強制収容所囚人の死」、さらに「兵士の死」と「ファシズムにおける女性像」をテーマにした四つの彫刻がオーストリアの芸術家によって製作されることになったが、八三年と八六年に前二者（図表4-17）が完成した段階で予算額を超過し、追加予算も認められなかったため、この記念碑プロジェクトは未完のまま放置されることになった。[107] この二つの記

図表 4-16

図表 4-17

図表 4-18

念碑と関連づけられながら、一五年にハンブルクの芸術家のV・ランクによって完成されたのが、「脱走兵とほかのナチ軍事司法の犠牲者のための記念の場」と名づけられた記念碑（図表4－18）である。

この記念碑は、正三角形の土台の上に一枚のコンクリートの壁および文字のはめられた二枚の格子状の壁が隙間を開けて立つ構造をもつ。格子にはめられた文字は、第二次大戦で負傷し、前線から離れて一九四四年を体験した作家が当時の時代の声を収集し、それを戦後にコラージュとして構成した著作『一九四四年ドイツ』からの引用である。戦没者記念碑に面した壁の文字は、外からは裏返しに見えるため、その文字を読むためには記念碑の内部に入らなければならない。つまり、「対抗記念碑」

図表 4-19

を背後にして外から文字を読んだ後に、兵士が英雄として「ドイツが生きる」ために死を覚悟して行進している記念碑を背景にしながら、この時代の風潮を示す文章を脱走兵の視点で内部から読み進めることになる。こうして記念碑を訪れる者は自らが追想の場の一部になり、「そのときおのずと脱走兵と正面から向き合うことになる」(ランク)[108]と同時に、この記念碑はまったく対立しながらも、それぞれ問題を抱えた二つの記念碑を仲介する役割も担っているのだという。ここにおいて脱走兵は、たんに追悼の対象であるだけではなく、これまでの追悼の在り方を自省する役割も担っているのである。

　文字を用いた表現という点で二〇〇九年に成立したケルンの脱走兵記念碑(図表4-19)はハンブルクの試みと共通している。訪問者は空を見上げながら天井の文字を、天空に書かれたテクストであるかのように読んでいくことになる。そこにはこの記念碑が敵兵を射殺することを拒否した兵士に捧げられ、この兵士は連帯と市民的勇気を示し、人を嘲笑、差別、残忍な扱い、弾劾、拷問、殺害することを拒否してきた人びとのつながりの最後に位置づけられることが記されている。

　同じモチーフは「彼は人殺しを望まなかったために〔銃殺された〕」という文字が刻まれた前述のベルナウの記念碑にも見られるが、ポツダムの脱走兵記念碑と二〇〇五年に建立されたウルムの脱走兵記念碑（図表4－20）には、「ともに生きる人間を射殺することを拒否した一人の男がここに生きた／彼を追想することに敬意を表せよ」というユダヤ系作家のK・トゥホルスキーの同じ詩句が引用されている。

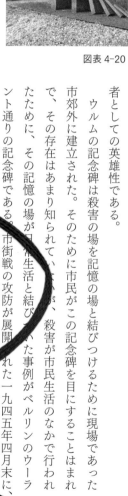

　ここにおいて脱走兵は、命を賭して国民共同体のために戦う能動的犠牲者の美徳ではなく、命を賭して他者を殺害することを、さらにはその前段階として他者を嘲笑・侮蔑・差別・迫害することを拒否する美徳の基準で評価されている。終章で詳述する概念を前もってここで用いるならば、「国権」の美徳に基づいて殺害され、戦後も差別されつづけた脱走兵の名誉が「人権」の理念を通して回復されることがこれらの記念碑で訴えられているのである。そのために、「国権」のためにわが身を犠牲にしたという能動的犠牲者に付与されてきた英雄性が「卑怯者」や「臆病者」と誹謗されてきた脱走兵にも認められているが、もちろんそれは「究極目的」をめざす解放者としてではなく、救済者としての英雄性である。

図表4-20

　ウルムの記念碑は殺害の場を記憶の場と結びつけるために現場であった市郊外に建立された。そのために市民がこの記念碑を目にすることはまれで、その存在はあまり知られていないが、殺害が市民生活のなかで行われたために、その記憶の場が日常生活と結びついた事例がベルリンのウーラント通りの記念碑である。市街戦の攻防が展開された一九四五年四月末に、

図表4-21

一七歳の少年兵が戦闘行為を逃れて地下室に隠れているところを親衛隊に見つかり、見せしめのために「私は臆病でドイツのために戦うことができませんでした」と書かれた札を首から垂らされたまま、ウーラント通り一〇三番地の街頭に物干し用ロープで吊るされ、遺体は数日のあいだ人目に晒された。それから七〇年後の二〇一五年四月に、現在（写真撮影の二〇二二年夏）は美容院「M-HAIRFACTORY」が経営されているその現場に臨むウーラント通りの中央分離帯と横断歩道の接する場に、「ここに一九四五年四月の最後の日々に／一七歳の若者がナチスによって絞殺された。／戦争への関与を拒否し／そのために殺された／この若者とほかのすべての人々を想起するために」の文字が書かれた記念板（図表4-21）が除幕されたのである。このようにこの記念板は、一人の殺害された少年兵だけではなく、ほかのすべての脱走兵に捧げられている[109]。

脱走兵の名誉回復が国レベルで承認されていく動きに国防軍展が影響を与え、後押ししたことは明らかである。この展示会は、絶滅戦争・ホロコーストに深く関わっていた国防軍とその戦争の実体を明らかにすることで、脱走兵が逃避し、回避しようとしていた軍隊と戦争が何であったかを生々しく伝えたからである。同時に「ホロコースト・モデル」が定着していくにしたがって、脱走兵は「逃走」の戦術を駆使した「受動的犠牲者」としての歴史的評価を受け、その名誉回復をようやく達成することができた。その身体に加えられた暴力は「神話的暴力」として記憶されることになったのである。

第5章

克服から犠牲の受容へ
——空襲記憶の構造転換

1 記憶の転換

第2章で確認してきたように、空襲被害の記憶はけっしてタブーではなく、一九八〇年代までその体験は、災難を能動的に克服していったという「復興物語」を通してむしろ盛んに想起されていた。しかし、「ホロコースト」概念が西ドイツ市民社会のなかに定着し、さらに軍縮交渉と核ミサイル配備というNATOの「二重決定」に抗議して、ボンと西ベルリンで総数一〇〇万人のデモが行われた八〇年代初期から、異なる物語が——しばしば同じ人物から——発せられるようになってきたのである。

まず、空襲被害の克服ではなく、被害そのものを問題にする言説が増加している。ハンブルク空襲四〇周年(一九八三年)の機会にARD(ドイツ第一テレビ放送)がH・ブレヒト監督製作のドキュメンタリー映画『ゴモラ作戦』を日曜の二一時というゴールデン・タイムに放映したことはその一例である。(1)また、空襲四〇周年記念の演説でハンブルクのドホナーニ市長は、ナチス・ドイツを無条件で降伏させる目的で行われた軍事行動には理解を示したが、非武装の市民を標的にした空爆は正当化できる適切な手段ではありえないとして、それを「大量殺戮」と呼んだ。ヒトラーが演出した第二次世界大戦は、敵国の英米軍にも「人間を軽視するシニカルな衝動」を与えてしまったのだという。そして核ミサイル配備の問題に言及するなかで、「私たちは核のホロコーストを望まず、平和を望むのだ」と宣言したのである。(2) こうして冷戦下のアクチュアルな問題を介在して、空襲は「ホロコースト」という歴史的事件と結びつけられることになった。

同じ演壇でハンブルク市議会議長のP・シュルツ(社会民主党)は、強制収容所の囚人や戦争捕虜、ポーランドやソ連からの強制労働者もハンブルク空襲の犠牲者であり、またその試練に耐え、復興に尽力したことを指摘し、この人びとも「畏敬の念を込めて」追想した。(3) 九三年の五〇周年記念式典でも『ツァイト』紙のジャーナリストであるB・ヴィッターは、外国人労働者の死体から生じる腐敗臭が鼻を突くなかで、ラム酒で神経をマヒさせられたノイエンガンメ強制収容所の囚人がその処分を強制されていた場景を演壇から思い起こさせている。(4) こうしてナチスの「民族共同体」の枠組みで想起されていた犠牲と連帯の共同体は拡大されることになった。

ボスニア紛争が泥沼に入りつつあり、NATOの対応が議論されるなかで行われた九三年の式典でハンブルク市長のH・フォシェラオ(社会民主党)は、「加害者の国」では相殺の論理は許されず、空襲は「権利や尊厳を剝奪し、数百万単位の殺害を行った」ことへの応答だったと指摘したうえで、「連合軍がドイツ人の狂暴な振る舞いを制止するためにナチスの暴力に対して暴力を対峙させる勇気と決断を見出さなかったならば、解放や革新、自由で、民主的な未来はありえたでしょうか」と問いかけた。[5] この市長は、空襲の試練に耐え、「零時」の瓦礫から未来が作られてきたというこれまでの「復興物語」の前提を覆して、空襲そのものが未来を切り開いたという物語を展開している。空襲がナチ支配からの解放をもたらし、民主主義を確立したというのであれば、空襲とその犠牲は今日の社会と国家にとって――たとえ必要悪だったとしても、やはり――必要だったということになる。『南ドイツ新聞』はこの演説で展開された物語の転換を「「集団的自己憐憫」への公式的な拒否」と表現しているが、[6] ＮＡＴＯによるコソヴォ空爆へのドイツ軍の参加をシュレーダー政権が決定したときの論理をフォシェラオの演説は先取りしていたともいえる。

以上のような時代状況と物語の転換のなかで、前述した「タブー言説」は生み出されていったのである。これまでの分析を通して私たちは、空襲体験が戦後においてタブーではなかったと指摘した歴史家のＶ・ウルリッヒがまったく正しいことを確認すると同時に、それにもかかわらずタブー言説が広がりを見せた理由も理解することができるだろう。くり返しになるが、この言説はタブーを引き起こした原因として、まず戦後の市民のエネルギーは精神的にも復興という未来に向けられ、その過去をふり返ることは許されなかったこと、さらに〈ドイツ人による犠牲者〉だけがその体験を語ることができ、この犠牲者に対する罪の意識から〈ドイツ人犠牲者〉は沈黙せざるを得なかったことを強調している。しかし、想起の内容を分析してみると、八〇年代以前に空襲体験に関してあまり語られていなかったのは空襲による受動的犠牲の体験であって、空襲被害を克服していった能動的犠牲の「過去」

は、復興と高度経済成長を達成した「現在」とのあいだに有意味な関係を取り結ぶことで、むしろ活発に「復興物語」として想起されていたのである。一方、八〇年代以降には能動的犠牲から受動的犠牲への価値転換に伴って「ホロコースト・モデル」が確立され、〈ドイツ人による犠牲者〉がさかんに想起されていく一方で、能動的犠牲としての空襲体験の価値は相対的に低下していった。こうして九〇年代以降になって、それまで受動的犠牲として空襲体験があまり語られていなかったことが、空襲体験そのものが語られていなかったかのように、あるいは語ることが許されずにタブーであったかのように意識され始めたのである。こうして生み出された「タブー言説」は、ドイツ人の空襲体験は語られるべきであるという要求を内包しているが、それは受動的犠牲として空襲体験を想起せよという要求にほかならない。この要求にもっともセンセーショナルに応えようとしたのが、J・フリードリヒの著作と写真集であった。

2　『火禍』と写真集『火禍現場』

ウルリッヒは西ドイツにおいて空襲がタブーであったことはないと断定する一方で、歴史学がこのテーマを回避しつづけてきたことは認めている。(7) 広範囲に燻っていた連合国の軍事戦略に対するルサンチマンを政治的に動員し、ドイツ人の戦争責任を相対化するために右翼勢力が利用しようとしたこのテーマは、やはりアカデミックな歴史家にとって扱いにくいものであった。しかし、大学制度に身を置いていないジャーナリスティックな現代史研究者であり、それゆえにアカデミズムが許容できなかった視点や概念を駆使できる立場にあったＪ・フリードリヒは、これまで歴史家が尻込みしていたこのテーマにその位置から果敢に挑み、〈ドイツ人犠牲者〉の歴史的想起を求める社会的需要に応じることになったのである。

まず、二〇〇二年に刊行された『火禍(*Der Brand*)——一九四〇年から一九四五年の爆撃戦争におけるドイツ』(8)であるが、この著作は『シュピーゲル』誌のベストセラー・ランクの専門書部門において、その年の一二月初旬から翌年の三月中旬までベストテンのなかに名を連ね、五月中旬まで二〇位以内の地位を保持しつづけた(9)。その年の末までに二〇万部以上という、六〇〇頁近い浩瀚な専門書としては異例の売り上げが記録され、一一年に『ドイツを焼いた戦略爆撃　1940–1945』(みすず書房)と題して邦訳も刊行されている。そのなかでフリードリヒは、イギリス空軍の武器と戦略、ドイツ諸都市への空爆とその被害の実態、空襲に対する国家と市民の対応などを詳細に分析することで、ドイツへの空襲作戦がその意図を市民の士気低下も含めて満たしていなかったことを明らかにして、この作戦が軍事・道徳的な効果において無意味であったことを強調した。もちろんそのことは前述のアーヴィングの著作などですでに指摘されていたが、フリードリヒはその歴史的事情を犠牲者の体験の観点から微視的に描き出したのである。「後記」に記されているように「空襲については多くのことが書かれてきたが、空襲がもたらした苦難の様態に関しては長らく何も書かれていなかった」のであり、ウルリッヒもこの著作を「直接的に襲われた人びとの経験を中心に据えようとした最初のもの」(10)と評価している。

しかもフリードリヒは『火禍』で、空襲による犠牲を描写するためにホロコーストを想起させるレトリックを用いた。そこではイギリスの空襲による古書などの文化財被害が「史上最大の焚書」と呼ばれただけではなく、その爆撃攻撃は「絶滅戦争」、爆撃機軍団はユダヤ人殺戮実行部隊の名称である「行動部隊」、引火した地下防空壕は「焼却場」、空襲犠牲者は「根絶された人びと」と表現され、以下のように「ガス殺」という語句さえ登場している。

「空襲とは何トンもの爆弾が落下されることではなく、都市が炎上することである。何世代にもわたる居住地は破壊されただけではなかった。空襲によって居住地は人びとを打ち殺す石の塊へと、人びとを窒息させる灼熱の竈へと、人びとをガス殺する地下牢へと化していったのだ」(11)。

フリードリヒの著作の抜粋がドイツのタブロイド紙『ビルト』に連載されると、イギリスのメディアはすぐさま過敏に反応した。たとえば、『デイリー・テレグラフ』はフリードリヒがチャーチルを「ドイツ市民の絶滅を許可した戦争犯罪人」とみなしていると非難し(12)、このような「修正主義的」な主張はドレスデン空襲をめぐる英独の和解の試みに影を落とすであろうと警告している(13)。このように、ヒトラーとチャーチルを同一視する論調が大衆紙を通してドイツで広がることが危惧され、チャーチル・アーカイヴ・センターの館長だったC・バーネットはこの機会に、ヒトラーが「骨の髄までたちの悪い暴君」であるのに対して、チャーチルは「駆使できるすべての手段を用いてヒトラーとその体制を打ち破り、そうしてヨーロッパの諸国民をヒトラーの奴隷制から解放しようとした」人物である

ことを確認している。(14)

ドイツでも『火禍』は論争を巻き起こしたが、多くの論者は、フリードリヒがホロコーストのレトリックをドイツ人の犠牲の描写に用いたことに苦言を呈し、その政治的な危険性を指摘した。(15)一方で、数年前にドイツ人の過去との取り組みのあり方をめぐってドイツ・ユダヤ人中央評議会議長のI・ブービスと論争(16)した作家のM・ヴァルザーは、「加害者‐犠牲者の区分」を様式的に超越し、はじめて「戦争指導者を敵と味方に区分することに依拠しない戦争の本」として『火禍』を高く評価している。(17)

『火禍』の刊行の翌年にフリードリヒは写真集『火禍現場(*Brandstätten*)――戦争の光景』(18)も上梓している。空襲以前から復興にいたるまで、ドイツ都市への空襲の実態を写真によって構成したこの写真集は、その歴史的パノラマを時系列に沿って一〇章にわたって展開している。すなわち、ナチスの政権掌握後も含む空襲前のドイツ諸都市の街並みを撮った写真が最初の「かつて」の章で示されたあとに、次の「攻撃」の章では英米空軍のドイツ諸都市への空爆や燃え盛る建造物を、「防衛」の章では迎撃機と高射砲でその攻撃を防衛しようとする兵士や消防活動をする市民の様子を、「避難場所」の章では防空壕の建造物、そこに避難した人びと、防空壕の破壊の姿を収めた写真が掲載されている。さらに「救助」の章では、破壊された建造物の瓦礫に埋もれ、焼け出された犠牲者を救助・救護しようとする人びとが登場するが、この人たちがこの章の主役ではない。瓦礫に押しつぶされ、あるいはすでに焼け焦げて悲惨な最期を迎えた数多くの市民の無惨な姿の写真を三〇枚ほど提示することで、この章は思わず目を覆いたくなるような衝撃を読者に与えているからである。ジャーナリストのU・

図表 5-1

ラオルフは『南ドイツ新聞』でこの衝撃を「胃痙攣を引き起こしかねない」[19]と表現した。六番目の「救護」の章では、生き残った市民たちが団結して食料品を供給している光景、次の「瓦礫」の章では建造物とその内部空間の破壊の光景、「瓦礫生活」の章ではそのなかでの市民の生活の様子、「党」の章では公的機関としてのナチ党の役割と活動が写し出されている。こうして、空襲によるドイツ市民の被害と苦難だけではなく、空襲に対してドイツ市民がナチ党とともに示した団結と連帯もここでは感じとられ、ドイツ市民の士気の低下をめざした連合国の軍事戦略がその目的を達成しなかったことが暗示されている。そして最終章の「いま」では、同じ場所を写した空襲前や直後と現在の街頭の写真が並列され、復興とドイツ都市の変容のありさまが示されている。

この写真集でもっとも問題視され、センセーショナルな反応を引き起こしたのは、「救助」の章に掲載された空襲犠牲者の遺骸の写真であった。それらの写真は、爆死あるいは圧死したと思われる集積された塵まみれの死体（図表５－１）[20]から、首や肢体を失った死骸、皮膚が焼け落ちて骸骨の姿となった亡骸、体の表面全体が煤と化した屍、焼けつくされて縮小し、バケツのなかに収容された黒焦げの屍骸（図表５－２）[21]、もはや太い部分だけを残して分解してしまった人骨などを写しており、幼子（図表５－３）[22]もその犠牲者に含まれている。犠牲者の尊厳を優先してそれらの写真の掲載を控えるべきなのか、戦争の悲惨さを伝え、歴史の真実を示すためにそれらを人目にさらすことは許されるのか、その判断をめぐってフリードリヒと出版社は合意に達することができず、両者はこの判断を読者自身に委ねた。[23] 歴史家のW・ベンツは『ヴェルト』紙によるインタビューのなかで「死者の尊厳」を優先すべきと断言して、このような写真の公表を「のぞき見趣味(Voyeurismus)」と非難している。強制収容所が解放された後にも犠牲者の遺体の写真が広く公表され、たしかにそれも犠牲者の尊厳を傷つける行為であったとベンツは認めるが、それらの写真はホロコーストを否定する者たちにその実在を示す証拠として意味をもっている点で、誰も否定しようとしない空襲犠牲を収めた写真とは大きく異なるのだという。[24]

しかし、空襲被害のこれらの写真がセンセーショナルであったのは、それが犠牲者の尊厳を傷つけていたからというよりも、むしろ読者の心象に強く働きかける特別の視覚的効果を内包していたからであった。第一にこれらの写真は、西ドイツが「奇跡」として復興していく「零時」の原風景として機能していた「瓦礫と廃墟」の景観が遮蔽していた終戦時の現実を見せつけること

図表 5-2

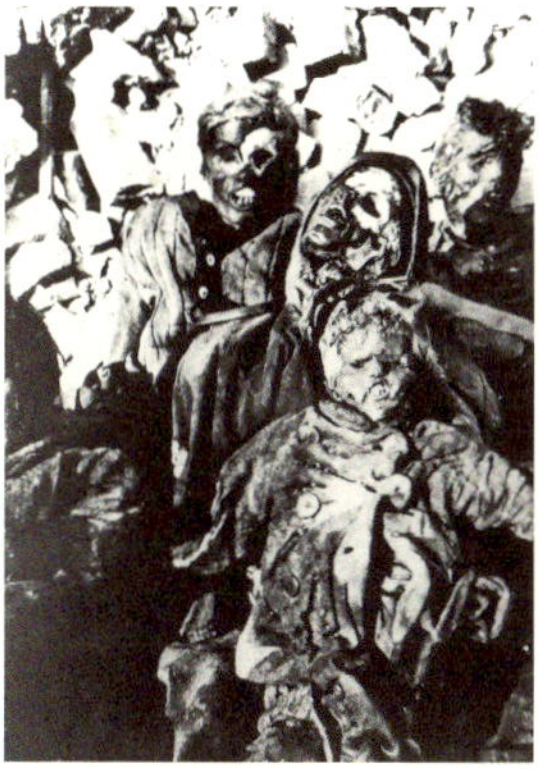

図表 5-3

になった。つまり、空襲犠牲者のそのような陰惨な死にざまは、「瓦礫の女たち」がけなげに復興のために汗を流していた「瓦礫と廃墟」の未来志向的なイメージと齟齬をきたしたのである。第二に、そこに写し出されたドイツ人の空襲犠牲者の姿は、強制収容所の解放以後に撮られた映像が生み出したホロコースト犠牲者のイメージと重なり合ったために、その写真はドイツ諸都市への空襲をホロコーストと類似した歴史的事象として知覚させる効果をもった。拙著で指摘したように、強制収容所の解放後のホロコーストの写真がドイツ社会に流布されると同時に、それはドイツの空襲被害を収めた写真ではないのかという噂も広まった。こうして、戦争犯罪の証拠を突きつけられたドイツ市民はむしろホロコーストと空襲被害の類似性を嗅ぎつけ、ドイツ諸都市への空襲を少なくともホロコーストと同等の戦争犯罪として受け取った[25]が、それから六〇年後にふたたびこの類似性が——今度は空襲被害の写真によって——感じとられたのである。『火禍』においてフリードリヒは、空襲の事象をホロコーストに関連した概念で説明することで両者を故意に結びつけようとしたが、彼が使用した空襲犠牲者の写真もそれと同じ機能を果たしているといえよう。そもそも「ホロコースト」は「holo＝まったく・丸ごと」＋「kaust＝燃やされる・焼き殺される」を語義とするユダヤ教の供犠の「燔祭」を意味しており、ルターは聖書の翻訳のさいにこの概念を「Brandopfer＝火災・火禍の犠牲者」と訳している。七九年のテレビ・ドラマ『ホロコースト』もユダヤ人が閉じ込められたシナゴーグが放火されて燃え盛るシーンを各回の冒頭に設定しているように、広義に捉えられた「ホロコースト」は空襲被害にまで連想の幅を広げられうる概念であった[26]。

したがって「胃痙攣を引き起こしかねない」空襲犠牲者の身体を公の目にさらすことは、たしかに歴史の事実を証明する行為としては無意味かもしれないが、ドイツの都市への空爆をホロコーストと同じ「生きさせるか死の中に廃棄する」（フーコー）「生政治」のレベルで比較の対象にするためには有効な戦術であったといえる。「ホロコースト・モデル」が確立したのちに空襲犠牲者の写真を目の前にした読者にとって、イギリス軍の空襲がナチス・ドイツの降伏とその体制の崩壊をもたらすうえで有効な軍事・道徳的戦術であったのかという問題は副次的なものにすぎない。むしろ、ホロコースト犠牲者の身体を連想させるこれらの写真は、イギリスの軍事的戦略がドイツの人口＝住民の生を標的にした政治戦略であったことをその読者に実感させることで、イギリスの軍事行動もホロコーストに類似したものではなかったのかという問題を投げかけ、第二次世界大戦の歴史的評価そのものに再考を促したといえよう。

「ホロコースト・モデル」をこのように利用してスキャンダルを引き起こし、政治的存在をアピールしようとする勢力がこの当時あらわれた。極右政党のドイツ国民民主党は、ハンブルク空襲六〇周年にあたる〇三年七月に一三〇人の支持者を動員し、空襲警報のサイレンや爆撃機のエンジン音、爆弾投下の音をスピーカーから流して追悼デモを敢行し、そのときに「爆撃ホロコースト」のスローガンを使用したのである。(27) このデモは全ドイツで大きく注目されることはなかったが、この党が〇四年に一〇％近い得票率でザクセン州議会に進出し、議員団長となったＨ・アプフェルがドレスデン空襲六〇周年の機会に「爆撃ホロコースト」概念を使用し、ドレスデン空襲を「冷血に計画された工業的大量殺戮」であったと州議会で弾劾したとき、メディアはこれをスキャンダルとして大きく取り上げた。[28]『フランクフルト一般新聞』編集委員は「右翼急進主義者が議会のマイクを通して歴史の破廉恥な偽造を大声でわめいた」ことは戦後ドイツ史上初めてであることを強調し、[29]『南ドイツ新聞』は「この日はナチ議員がその真の顔を見せた日として歴史に理解されるであろう」という州議会議長の発言を紹介して、極右主義者の発言が失言ではなく、ポピュリズム的な戦術にもとづいていると注意を喚起している。[30]しかし私たちは、ドイツ人の歴史的犯罪を相対化するために連合軍の「戦争犯罪」を強調し、『ホロコースト』を「反ドイツ的世論操作」、「誇張」、「嘘」であると詰ってきた極右政党とその支持者が、いまや「ホロコースト」概念を用いてその目的を達成しようとしていることに注目しなければならないであろう。つまり、この極右主義者はホロコースト否定論者という意味では歴史修正主義者ではないのである。むしろ、ホロコーストが「唯一無二」であることを認めたうえで、ドレスデン空襲がこの「唯一無二」に準ずる歴史的事件であることを主張している。そのため、この極右主義者がホロコーストを否定してしまうと、連合国による戦争犯罪の残虐性とドイツの犠牲の甚大さを示す基準を失ってしまうことになる。

このことはフリードリヒにもまったく当てはまる。『火禍』で彼は、ドイツ軍がヨーロッパ諸国に与えた甚大な空襲被害にも言及し、さらにユダヤ人が防空壕に入ることを禁止され、強制収容所の囚人や外国人強制労働者も空襲の被害者となり、あるいは空襲のあとの瓦礫の撤去や死体の処理に動員されていたことも明記しているからである。また写真集の『火禍現場』でも、空襲被害の現場にいる

図表5-4

強制収容所の囚人を収めた写真（図表5－4）[31]や、撃墜されて墜落死したイギリス空軍兵の遺体の写真も、「救助」の章の数十枚の「胃痙攣を引き起こ」す写真とともに掲載されている。その章の最後の見開きのページで読者は、一九三九年のドイツ軍の空襲によって死亡した妹に向かって泣き叫ぶワルシャワの少女の写真（図表5－5）[32]と、パーダーボルンの一六歳の少女が妹と一緒に庭いじりに興じている姿を空襲で死亡する直前に収めたスナップ・ショット（図表5－6）[33]を左右に目にすることになる。

ふたたびラオルフの言葉を借りるならば、フリードリヒは「経験を積んだ修正主義者」ではなく、「類比のタブーを屁とも思わない歴史家」[34]であるといえるが、それは彼の歴史叙述・描写に内在する論理に由来している。つまり、その歴史叙述・描写が可視化した空襲犠牲のインパクトは、究極的な受動的犠牲者を生み出したホロコーストを基準に据えた類比を通して生じており、もしホロコーストやドイツの戦争犯罪を相対化するためにその事実を矮小化するならば、その歴史叙述・描写は逆効果を生んでしまうからである。換言すれば、「ホロコースト・モデル」に準拠した歴史叙述・描写はこのモデルが基づいている歴史的事実を相対化しえないのである。そして、ホロコーストを基準に据えた類比は国籍をこえて行われうるものであり、ドイツ軍による空襲犠牲者にも、ドイツ市民の空襲犠牲者にもその基準は適用されうる。そして、国籍に関係なく類比された——先ほ

図表 5-5

図表 5-6

どの写真では四人の少女に表象＝代表された――「無辜」の受動的犠牲者に対峙しているのは、国籍を問わずに類比しうるその加害者であり、そこでは世界史的個人としてのチャーチルも、人道上の大罪を犯した歴史的犯罪者であるヒトラーと類比できうる対象になっているのである。それは「類比のタブー」をもつイギリス人にとって許しがたいことであった。

3　映画『ドレスデン』

二〇〇六年にはドイツではじめてドレスデン空襲をテーマとする劇映画『ドレスデン』が製作された。一〇〇〇万ユーロという巨額の製作費を注ぎ込み、六八日間の撮影日数を費やし、一六〇〇〇人のエキストラを投入したこの映画は、ＺＤＦ（ドイツ第二テレビ放送）で三月に二夜連続で放映され、両日とも一一〇〇万人以上の視聴者数と三〇％をこえる視聴率を獲得した。[35] 日本でも翌年に『ドレスデン、運命の日』として劇場公開されている。この映画の主人公は、父が院長を務めるドレスデンの病院で看護師として働くアンナ。彼女はその病院の医師であるアレクサンダーと婚約することになるが、彼女の前にもう一人の主人公があらわれる。空爆中にドイツ軍によって撃墜された戦闘機からパラシュートで敵地に降り、避難民を装ってドレスデンに侵入したイギリス空軍兵のロバートであり、やがて彼とアンナは恋に落ちる。婚約を交わしたアレクサンダーと挙式を挙げることにいったんはアンナは同意したが、父親が不正を犯して一家がアレクサンダーとともにスイスに移住する計画を知った彼女は、ロバートと一緒に婚約式から逃げ出すことを決意する。しかし二人は捕まり、幽閉されたロバートを残したまま、アンナの一家はアレクサンダーとともにスイスへの出国をめざして駅に向かう。しかしその途中で大空襲が始まり、ドレスデンに爆弾と焼夷弾が雨あられと降り注がれていく。ロバートを助けに向かうアンナ、彼女のあとを追うアレクサンダー、脱出に成功したロバート。三人は炎の嵐が吹き荒れる市街地で再会し、蒸し焼き状態の地下室に入り込み、壁をぶち破って酸素を求め、脱出を必死に試み、三人とも生き残る。アンナはロバートにふたたび愛を告白し、ロバートは彼の子供を宿した彼女のもとを去り、聖母教会の塔に登って空襲の破壊の様子(眺望はドレスデン市庁舎からのものを使用)を目にする。この教会はその翌日に崩れ落ちたが、六〇年後に再建竣工式を執り行う様子の実写映像が流されて、この映画は終わる。

『ドレスデン』はドレスデン空襲を背景にしたラブ・ストーリーであるといえるが、フリードリヒが著作と写真集で示した阿鼻叫喚の地獄絵——燃え盛る市街地、逃げ惑う市民たち、そこを吹き荒れる「炎の嵐」、焼かれ、破損していく身体、蒸し焼き状態の地下室、酸素不足と一酸化炭素中毒に苦しむ人びと、黒焦げとなって散乱する死体（図表5－7）――がこの映画で再現されており、この地獄からの生還劇がクライマックスとなっている。こうしてドレスデン空襲から六〇年の歳月を経てはじめて、この空襲体験が劇映画を通して描写され、連合軍の軍事戦略による受動的犠牲者としてのドイツ人が、ドレスデンの空襲犠牲者に表象＝代表されてスクリーンに映し出されることになった。

したがって、ドイツの歴史的犯罪を相対化する意図が内包されているといった批判をこの映画も受けている。たとえば、『ツァイト』紙上でジャーナリストのE・フィンガーは、この映画が「ファシズム政党に投票し、ホロコーストを許容し、ナチ独裁を担った」ドイツ人の罪を霞ませ、すべての不正が一挙に償われたかのような印象をもたらしていることを問題にし、[36]『ファイナンシャル・タイムズ』紙は、一度もホロコーストが言及されていないこの映画には「ドイツ人が自分を戦争の犠牲者として描出する新しい傾向」が示されていると警戒を促している。[37]

たしかに『ドレスデン』にホロコーストに関する言及はないが、ユダヤ人に対するドイツ人の差別行為ははっきりと描かれている。たとえばこの映画では、空襲前に子供たちがユダヤ人排斥の歌を高吟しながら、黄色い星をつけたユダヤ人にまとわりつくシーンが登場し、空襲で容赦なく命を奪われた子供も「無辜」ではなかったことが示されている。また、アンナとは仕事を通した友人であるドイ

図表 5–7

ツ人女性のマリアは、ユダヤ人の夫をもつという設定によってこの映画で重要な役割を占めている。彼女は強く要請されている離婚を頑なに拒否しているために、夫のジーモンは強制収容所への強制移住を免れている。しかし、二人は極貧生活を強いられ、ついに大空襲の直前になってジーモンは強制移住を命じられる。さらに大空襲のときも彼は防空壕に入ることを許されず、地上で空爆にさらされることになる、といったようなストーリーが『ドレスデン』には織り込まれているのである。また、髪を切られて、下着姿で立たされているドイツ人女性の横で「人種汚辱」のために路上で吊るされた男性の死体や、脱走兵を匿ったとして即決で銃殺される女性もこの映画では出現し、強制収容所の囚人が空襲後の瓦礫や死体の処理作業に従事させられている姿も映し出されている。すなわち、「ホロコースト・モデル」が確立された後に、ドイツ人を一方的に犠牲者の立場に置いて空襲被害を描くことはもはや社会的にも、政治的にも不可能になっており、『私たちの母たち、私たちの父たち』と同様に、ユダヤ人が物語において重要な役割を担っている。国籍を超越し、ヨーロッパという「普遍的」な視点をもつ〈犠牲者 - 加害者〉の枠組みにおいてのみ、それぞれの国民はみずからの犠牲を語ることができ、その加害も語るべきであるという原則が、この映画でも貫徹しているのである。

国籍をこえたこのようなヨーロッパ的な視点を『ドレスデン』では、ナチズムの理念から距離をとり、その現実には嫌悪を抱いている「善良」なドイツ女性であるアンナと、本来は加害者の立場にあるが、ドレスデンでは犠牲者として空襲を体験することになったイギリス空軍兵のロバートのペアが象徴的に体現している。終戦時に新しい国境の東側から逃避し、あるいは強制的に追放され、故郷を失ったドイツ人避難民の運命を描き、〇七年に大ヒットした映画『避難』は、ドイツ人の婚約者をもつ主人公のプロイセン女性と強制労働者のフランス人のあいだに恋愛感情を挿入することで、犠牲と加害が複雑に絡み合う三角関係を生じさせているが、その一年前の『ドレスデン』でも類似した構図が使用されていたのである。大空襲ののちに、ドレスデンだけではなく、ドイツ全体の空襲被害を表象=代表するようになった写真が彫刻『善』を前にして市庁舎の塔から撮られた[38]が、ロバートは映画の最後にそれと同じ目線で廃墟と瓦礫と化したドレスデンを見つめる。このことによって彼はその空間を「私たち」のものとして共有することになった。前述した「アーリア」系ドイツ人のマリアとドイツ系ユダヤ人のジーモンのペアは、人種迫害と空襲という二重の犠牲をともに体験することによって、そのような視点を補完する役割を果たしている。

『ドレスデン』では受動的犠牲者の姿が痛々しく映し出されると同時に、生き残ることができたアレクサンダー、アンナ、ロバートの三人の主役はじつに能動的に行動している。ほかの人びとが諦念して死を待っているのに対し、この主役たちは壁を打ち砕き、ドアをこじ開けて、自らが生き残る道を模索することで、かまどと化した地下室から脱出することに成功している。さらに、アンナとアレクサンダーは防空壕のなかで子供たちの恐怖心を和らげようとし、また陣痛のはじまった妊婦の分娩にあたるなど、この「犠牲者共同体」と化した空間のなかで献身的に行動している。その対極に位置づけられている人物が、この共同体のために使用すべき薬品を資金源にしてスイスへ逃亡しようとしたアンナの父親であり、彼のその行動は空襲で悲惨な死を迎えることで償わされている。前述したように、受難としての空襲体験は公的には長らく——私的なレベルにおいては現在でも——忍耐と連帯の物語として語られてきたが、『ドレスデン』はその物語も取り入れることで視聴者の需要に応えようとしたといえよう。『ツァイト』紙でフィンガーはこの点に関しても噛みついた。宣伝相のゲッペルスが望んでいたようにドイツ人が「英雄的」であったことをこの映画は証明したというのだ。[39] プロデューサーのN・ホフマンはこの映画の成立に「ドイツ人のアイデンティティの探求と憧憬」が関わっていることを新聞のインタビューで吐露しているが、[40] 本書の概念を用いるとすれば、この映画には受動的犠牲者と能動的犠牲者の両者の物語が内包され、国民形成のプロジェクトが複合的に組み合わされているといえるかもしれない。しかし、アンナたちはドレスデンやドイツを輝かしい未来に導いた英雄としては描かれていないし、統一後のドイツにそのような物語はもはや成立しえない。この映画が最後に映し出した聖母教会の再建竣工式が語っているのは「復興物語」ではなく、「和解物語」であった。したがってこの映画の主人公の献身的な英雄行動は、むしろ「無辜の花々」を救済する行為と解釈すべきであろう。

第6章 グローカル化する記憶

本書は「ホロコースト・モデル」の成立によって「暴力」の記憶が変化したことを明らかにしていったが、この変化を理解するために「グローカル化(グローカリゼーション)」概念を持ち出してみたい。「グローバル化(グローバリゼーション)」と「ローカル化(ローカリゼーション)」の合成語であるこの概念は、イギリスの社会学者のR・ロバートソンによって一九九〇年代に広く知られるようになった。彼がこの概念を通して批判しているのは、グローバルなものをローカルなものの彼岸に据えて、グローバルなものがローカルなものを排除しながらマクロ・レベルで世界を均一化していくというグローバル化の理解である。この理解において、ローカルなものはグローバルなものの「作用《アクション》」に対してミクロ・レベルで「反作用《リアクション》」しているにすぎない。これに対してロバートソンは、グローバルなものとローカルなものの同時性と相互作用を必然的に含む過程としてグローバル化を捉えた。グローバル化においては均一化だけではなく、多様化も生じており、両者は対立せずに、むしろ相補的で、相互浸透的なのだという。そのような意味でロバートソンはグローバル化とよばれている現象を「グローカル化」として理解すべきことを提唱したのである。(1) この概念は、西バルカン諸国を対象にしたＥＵの拡大、ポピュリズム政党が目指しイギリスが実現させたＥＵからの離脱、カタルニアやスコットランドなどで見られるEU構成国からの地域の離反という三重の過程を経験しているヨーロッパの状況を前にして、ますますリアリティを帯びてきているといえよう。グローバルに行動するビジネスマンが国境に壁を建設する「アメリカ・ファースト」の政策を掲げて大統領に当選し、いまやこのような「ファースト」を綱領にしたポピュリズム政党が国境をこえて連帯しているといったように、グローバリズムとナショナリズムおよびリージョナリズムが混然一体となっている全世界の状況は、「作用」と「反作用」の関係だけで捉えられるものではない。

本書の第3章では、ドイツが歴史的経験から「過去の克服」を独自に試み、諸外国、とくにアメリカの影響を受けながら、あるいはドイツが影響を与えながら「ホロコースト・モデル」がグローバルに形成されていった経緯を追った。そして第4章と第5章では、第1章と第2章で検証した「暴力」の記憶がこの「ホロコースト・モデル」との相互連関のなかでどのような変容を遂げていったのかを紹介した。ホロコーストを引き起こしたナチ体制の不法性が徹底的に追及され、この体制のなかで国防軍兵士のような多くの国民がホロコーストと戦争犯罪に関わっていたことの責任が問われていく一方で、同時にホロコースト犠牲者に類比する受動的犠牲者としてドイツ人が記憶されていくことを通して、グローバル・スタンダードに見合った国民を歴史的に立ち上げることが試みられた。冷戦末期と冷戦後・統一後のドイツというローカルな脈絡のなかで「ホロコースト・モデル」は独自に具象化されたのである。このような議論を踏まえていま、この変化を記憶の「グローカル化」現象として総括することができよう。

「グローカル化」理論に従うならば、ドイツにおけるこの「グローカル化」現象はこの脈絡のなかだけで完結することはなく、トランス・ローカルに相互作用を生み出すものであり、「ホロコースト・モデル」にも変容をもたらす可能性も有する。このことを検証するために、国境をこえて八〇カ国以上で上映・放映、あるいはＤＶＤなどが販売されることでグローバルに消費された映画『私たちの母たち、私たちの父たち（ジェネレーション・ウォー）』がもたらした現象を取り上げてみよう。グローカル化によってドイツのローカルな脈絡で生み出されたこのテクストや、そこに投影された歴史表象は、異なるローカルな空間とその記憶にどう作用していったのであろうか。

1　ポーランドにおける記憶のグローカル化

この映画のアメリカでの評判は芳しいものではなかった。『ニューヨーク・タイムズ』[2]は「第三帝国の若者が自己憐憫するほぼ五時間」の映画であり、ナチ時代のプロパガンダ映画にも類似していると酷評した。ナチズムの悪を一部の指導者に帰する一方で、ポーランドにおける反ユダヤ主義を強調する「道徳的相対主義」もやり玉にあげられているが、その点に関して隣国ポーランドからは激しい批判の声が浴びせかけられた[3]。この映画で五人の主人公の一人であるユダヤ人のヴィクトアは、強制収容所行の列車から脱出して、地下組織のポーランド国内軍に加わるが、そのレジスタンス組織がみすぼらしい服装をした文化水準の低い反ユダヤ主義者の集団であるかのように描かれたことにポーランド社会は憤激したのである。たとえば、国内軍がドイツの列車を襲撃した後に、この武装集団は列車内に絶滅収容所に向かうユダヤ人の存在を確認するが、ユダヤ人を中に残したままますぐ閂をかけて列車から離れ去ってしまう。ヴィクトアが踵を返し、ふたたび閂を外してユダヤ人を解放すると、彼がユダヤ人であることが知られてしまったために、その組織にとどまることができず、去っていくのである。ポーランド現代史

図表 6-1

のこのような描き方に対して、「意見の一致」という「いつもは論争好きなポーランド世論には珍しい効果(4)」がもたらされた。つまり、映画を製作したZDF(ドイツ第二テレビ放送)に対して国民保守主義から親ドイツ的なリベラルな潮流にいたるまで、ポーランドの各界が怒りを共有したのである。

週刊誌『ウヴァジャム・ジェ』は有刺鉄線の背後で強制収容所の囚人服を着たメルケル首相を表紙(図表6－1)(5)に載せ、そこに「歴史の偽造／ドイツ人が自分を第二次世界大戦の犠牲者に仕上げる方法」という見出しをつけた(6)。さらに、ポーランド外相のR・シコルスキは、ドイツ人はホロコーストを恥じ、スターリングラードで敗残したことを知っているが、「ドイツ人の父や祖父たちが私たちのところでどんな振る舞いをしたのか知ろうとあまり努力しない」と批判した(7)。ベルリンのポーランド大使もZDFに抗議の書簡を送り、アメリカのポーランド大使はこの映画がアメリカで上映されないように映画配給会社に要請した(8)。ポーランドのテレビ局TVPの会長も「まったく間違ったイメージ」であるとZDFに抗議の書簡を送っていたが、このテレビ局が『私たちの母たち、私たちの父た

ち』の放映を決定すると、今度は「法と正義」党が会長に退任を要求することになった。[9] しかし世論調査では圧倒的多数のポーランド人がこの映画の放映を望んでおり、二〇一三年六月にそれは実現した。ポーランド人の国民感情を逆なでしかねないテーマの映画がドイツ放映から三カ月ほどでポーランドのテレビ局から放映されることは珍しく、しかもほぼ三〇％の視聴率を上げて、三七〇万人が視聴した。[10] もちろんこの視聴率が証明しているのは、この映画に対するポーランド人の関心度であって、共感したポーランド人の割合ではない。

ポーランド側はなぜ、このように激しい反応を示したのであろうか。いうまでもなくそれは、共産主義体制下で抑圧・沈黙されてきた第二次世界大戦の記憶を神話的暴力として新たに掘り起こしはじめていた一九八九年以後のポスト共産主義体制の神経を『私たちの母たち、私たちの父たち』のポーランド描写は逆なでしたからにほかならない。[11]

一九四〇年にソ連の内務人民委員部によって二万二〇〇〇人のポーランド人将校、警官、知識人が殺害された「カティンの森」事件は、神話的暴力として新たに想起された代表的な例である。[12] 共産主義体制のもとでナチス・ドイツの犯行とみなされ、ようやく九〇年にソ連が罪を認めたこの事件の六五周年の二〇〇五年に、ポーランド国会は記念決議のなかで「この比類なき民族殺戮は基本的人権と道徳を犯して無抵抗の戦争捕虜に対して遂行された。この民族殺戮は、もっとも価値が高く、もっとも愛国的信念をもった市民の絶滅によってポーランドを抹消しようとする二つの全体主義国家――ドイツ第三帝国とソ連――の恐るべき計画の一部である」[13] と述べ、この事件をホロコーストと類比しながら、ポーランドを二つの「巨悪」の犠牲者として歴史的に位置づけたのである。〇七年にはA・ワイダ監督の映画『カティンの森』が公開されている。

同様のことはワルシャワ蜂起にも言える。赤軍のワルシャワ侵攻を前にして亡命政府に忠実な国内軍によって開始されたこの蜂起は、期待された赤軍の援助もなく、ナチス・ドイツの猛反撃の末、ワルシャワ市の壊滅的破壊を伴う鎮圧という結果に終わったが、共産主義政権下でこの歴史は沈黙され、むしろ反体制派の形成においてその想起は重要になった。体制末期になってワルシャワ蜂起記念碑の建立が進められ、すでに一九八九年八月、すなわち非共産主義政権の樹立の一カ月前にこの記念碑は除幕式を迎えたが、このことは反体制派が記憶の戦いにおいても勝利していたことを意味する。[14] 蜂起が開始された日付の八月一日は九〇年代から国民的記念日となり、二〇〇二年の六〇周年の前日にワルシャワ蜂起博物館がオープンしている。このように国民史の主役に上りつめることができた国内軍を『私たちの母たち、私たちの父たち』は不道徳な反ユダヤ主義者として描いてしまったのである。この映画への返答として翌年にワルシャワ蜂起を描いた映画『シティ44(miast 44)』(邦題は『リベリオン ワルシャワ大攻防戦』、独題は『ワルシャワ44』)が公開されたが、そこで描かれているのはワルシャワ蜂起を戦った若者たち、いわばポーランド人の「私たちの母たち、私たちの父たち」の過去である。

二〇一五年に公表された〈自国民は第二次世界大戦の犠牲者か、加害者か〉を問う研究調査によれば、ドイツ人は四四・〇%が犠牲者、二一・五%が加害者であると答えているのに対し、ポーランド人の場合は犠牲者が圧倒的多数の七八・二%を占めたが、それでも一一・八%が加害者とみなしている。[15] ドイツで犠牲者の割合が加害者よりも二倍以上高いことは注目に値するが、私たちはポーランドにおける「犠牲者」がドイツの場合とは意味内容を異にしていることに注意しなければならない。というのも、ポーランドには歴史上の非道行為の高潔なる受難者、いわば「諸国民のキリスト」としての殉教的な国民像が存在するが、一九九〇年代の世論調査はこの「神話」が体制転換をこえて存続していることを証明しているからである。たとえば、「ポーランド国民は歴史的に他の国民よりも頻繁に非道行為の犠牲者であった」という項目に七八%が同意し、四五%が「ポーランド人の行為は他の国民よりも高潔だった」、四〇%が「他の国民と同様に高潔だった」に首肯している。[16] 共産主義体制を東欧で先駆けて克服して、新体制を樹立したポーランド人は、その意味でも「高潔なる」使命を果たしたことを自負しており、その神話を引き継いでいる。しかも「高潔なる」受難は受動的あるいは利己主義的ではなく、利他主義的な犠牲であるゆえに、受難の意味はユダヤ人の場合とは異なることが前提とされている。[17] こうしてユダヤ人犠牲者の救済者であることがことさら自負されることになった。『私たちの母たち、私たちの父たち』に対する批判のなかで──たとえばベルリンのポーランド大使のように[18]──イスラエルのホロコースト追悼記念館であるヤド・ヴァシェムでユダヤ人救済者として顕彰されている「正義の人」の最大多数が四分の一を占めるポーランド人であるのに対し、ドイツ人はその一〇分の一にも満たないことがくり返し強調されているのは、そのためである。実際に、一九九二年の世論調査においてユダヤ人を「できうる限り」救済したと八七%のポーランド人が答えている。[19]

つまり、ドイツでは「犠牲者(Opfer)」が「受動的犠牲者(Victim)」の意味で使用されているのに対し

図表 6-2

て、ポーランドでは「犠牲者(Ofiara)」はむしろ「能動的犠牲者(Sacrifice)」の意味合いが強いといえよう。

この犠牲者観はワルシャワ蜂起の想起にも反映されている。写真(図表6-2)から分かるように、ワルシャワ蜂起記念碑の人物像は祖国のために身を投げ出して勇猛果敢に戦う英雄像からおもに構成されている。また、ワルシャワ蜂起博物館の展示の内容は「英雄的で、ステロタイプの一元的歴史像」にとらわれているために、若い見学者がおびただしい犠牲者を出して蜂起が敗北に終わったことを認識せずに博物館を後にすることが頻繁にみられると、東欧の記憶文化研究者のM・ハイネマン[20]は指摘している。もっとも、映画『シティ44』の場合に鑑賞後に同様なことは起こり得ない。蜂起者たちが勝利を祝って行進する道に面した建物にドイツ軍の巨大な砲弾が撃ち込まれ、ワルシャワ市民の血と肉片が雨のように降り注ぐような凄惨なシーンがくり返され、焦土と化す前に暗闇のなかで赤々と燃え上がるワルシャワ市内がラストシーンとして流されているからである。一九八一年生まれのJ・コマサが監督したこの映画では、盲目的な愛国主義で祖国に殉ずる英雄物語として蜂起するワルシャワ市民を一枚岩的に描くことは避けられている。だが、蜂起一日目に囚人服を着たユダヤ人集団が国内軍によって解放されており、蜂起者は軍事力の圧倒的な差に絶望することはあっても、闘うことの意味を失うことはない。ラストシーンのあとにまったく同じアングルから高層ビルの建つ夜明けのワルシャワの現在の姿がエンドロールの背景として映し出されるが、そこではワルシャワ蜂起の闘士たちが果たした歴史的意味が暗示されている。

　一方で、「ホロコースト・モデル」のグローバル化はこのような歴史的な国民観に基づいたポスト共産主義体制に衝撃を与えた。まず、二〇〇〇年にポーランド出身のアメリカの歴史学者であるＪ・グロスが『隣人』を刊行し、一九四一年にナチ親衛隊によって引き起こされたとされてきたポーランドの小都市イェドヴァブネでのユダヤ人の虐殺事件が、親衛隊から強制されることなく、ポーランドの「隣人」によって自発的に引き起こされたことが明らかにされた。そして、〇二年に国民記憶院はグロスが明らかにした歴史事実を、殺害されたユダヤ人の数などに修正を加えながらも、基本的に確認している。[21] これはポーランド社会に衝撃を与え、激しい議論を新聞紙上から家庭内にいたるまで引き起こした。〇二年の世論調査[22]でこの件に関してポーランド国家の代表者が謝罪することを四〇％が正しいと考え、三六％がそれに反対していたように、ポーランド世論は真二つに割れていたのである。

　保守的な歴史家のＡ・ノヴァクは「ヴェステルプラッテか、イェドヴァブネか」と題する論文で、侵攻したナチス・ドイツ軍と激戦を展開したヴェステルプラッテを記憶する英雄史としての「モニュメンタルな歴史」が「共同体、たいていは国民共同体の創出に役立ち、この共同体に忠実でありつづける」のに対して、イェドヴァブネを想起する「クリティカルな歴史」は恥の感情をもたらし、そこからは共同体は生まれないと主張して、その想起に懸念を示した。[23] これに対して、リベラルな歴史家のＰ・マフツェヴィチは「ヴェステルプラッテも、イェドヴァブネも」という論題をつけて、ポーランド人はいま過去のイメージを徹底的に評価し直すときであり、「ポーランド人は例外の立場にあり、天使のような性格をもつという神話で十年にわたって腹を膨らましてきた国民が精神的バランスをとるために、「潔白妄想」を「罪コンプレックス」に代えることは必要である」と反論している[24]。ここではまさに「ホロコースト・モデル」の受容をめぐって議論が展開されているといってよいだろう。二〇〇二年一二月の調査[25]で〈ユダヤ人を救済しただけではなく、ユダヤ人を殺害したポーランド人もいることを学校で学習することはよいことか〉との問いに、六〇歳以上で二六％、五〇〜五九歳で三三％、四〇〜四九歳で三〇％、三〇〜三九歳で三四％、二〇〜二九歳で五五％、一五〜一九％歳で四七％が「はい」と答えているから、共産主義体制を支えてきた世代に拒否反応が強く、この体制の末期と転換期に社会化された世代が新たな国民観を模索する傾向が高いことが理解できよう。「ホロコースト・モデル」の受容と拒否は世代とも関連している。

第二に、〈ポーランド人＝「諸国民のキリスト」〉理解ではポーランド人はとりわけ第二次世界大戦における「唯一無二」の犠牲者であったが、ホロコースト犠牲者との類比で犠牲を語る「ホロコースト・モデル」によって、「唯一無二」の歴史的事件の犠牲者であるユダヤ人というライバルが出現することになった。体制転換前には、第二次世界大戦中のユダヤ系の犠牲者はポーランド人犠牲者のなかに包摂されていて、大戦で死亡したポーランド人犠牲者は六〇〇万人と数えられていたが、ユダヤ人絶滅政策については沈黙されたため、そのうち少なくとも半数がユダヤ系ポーランド人であることは知られていなかった。そしてアウシュヴィッツはユダヤ人ではなく、ポーランド人が受難した記憶

図表 6-3

国民の受難	1992年	1996年
ユダヤ国民の受難はポーランド国民よりも大きい	46%	39%
ユダヤ国民の受難はポーランド国民ほどではない	6%	4.5%
両国民の受難に違いはない	32%	47%
比較しがたい	12%	5.5%
言い難い	4%	4%

の場であり、「ポーランド人とほかの人民が殉教した」国民的追悼記念施設であった[26]。したがってポーランド人はこの神聖な空間を「ホロコースト・モデル」によって奪われたことになる。図表6-3が示しているように[27]、体制転換後にポーランド人は第二次大戦の最大の受難者がホロコースト犠牲者であることを認めているものの、三分の一は同じ程度の受難者であると認識し、その割合は一九九六年になるとほぼ半数に増えている。このように受難の甚大さをめぐる「犠牲者競争」がポーランドでくり広げられるようになったのである。

以上のように、ドイツが投げ入れた『私たちの母たち、私たちの父たち』という石が大きな波紋をポーランドで広げることになったのは、ソ連と共産主義者が引き起こした神話的暴力が体制転換後のポーランドで新たに想起されたことが大きい。そこではナチズムとスターリニズムの犠牲者として「諸国民のキリスト」という神話的国民像が継承されたが、「ホロコースト・モデル」との齟齬によってこの国民像は激しく動揺し、歴史認識が保守主義とリベラリズムに世代間で分極していくという状況が出現した。一方、この映画への「返答」として製作された『シティ44』は、ドイツのZDFによって「賠償の外交的ポーズ」[28]として放映されたが、その視聴率は五・六%(『私たちの母たち、私たちの父たち』は平均二〇%)にとどまり[29]、トランス・ローカルな波紋の輪がドイツで連鎖することはなかった。そもそも、このような非対称性がドイツ－ポーランド関係の基本的特徴であるが[30]、暴力の記憶のグローカルな連鎖とその波紋の強さが不均等であることをこの事例は如実に示しているといえよう。グローバル化された世界はこの点においても格差の激しい不平等社会である。

2 ドイツ移民社会における記憶のグローカル化

次に、エスニック・マイノリティとしての移民、とくにドイツ生まれのイスラーム系移民(この「移民」は正確には「移民の背景をもつ住民」とよぶべきではあるが、便宜上の理由でこれからも「移民」とよぶことにする)に目を向けてみよう。この集団のどの程度が『私たちの母たち、私たちの父たち』を視聴し、どのような見解や感想をもったのか、研究調査は見当たらない。しかし、この集団の視聴率がエスニック・マジョリティと比較して低かったことは容易に推測できる。歴史的関心は教育水準によって左右されるため、相対的に教育水準の低い移民集団はこの映画に相対的に関心が薄かったと考えられるからである。さらにもう一つの要因が考えられる。歴史学者のA・アスマンが指摘しているように[31]、『私たちの母たち、私たちの父たち』は「私たち」の母たちと父たちの家族史として国民の歴史を物語っているため、移民をその過去から排除する構造をもっているからである。ドイツに生まれ、すでに多くがドイツ国籍を取得しているが、その時代に父母や祖父母がドイツ国民でもなければ、ドイツにさえいなかった移民たちにとって、この映画の「母たち」と「父たち」は他者であり、その意味で第三帝国は「私たち」の過去ではない。その場合に、映画で想起された暴力は「私たち」が加えたわけでも、「私たち」が受けたわけでもない他者の神話的暴力となり、移民はこの映画から「痛み」をエスニック・マジョリティのドイツ人ほど感じとることはない。つまり、出生地主義の導入によって移民はドイツ国民になりえるようになったが、記憶の上ではまだ血統主義が支配しているため、この記憶は移民の国となったドイツをエスニックな線に沿って分断しかねないといえよう。

では、この移民たちは実際に第三帝国の歴史、とくにホロコーストとどのように関わっているのであろうか。二〇〇〇年代末に『ツァイト』紙の依頼でトルコ系移民を対象に行われた調査[32]によれば、ホロコーストの問題に真剣に取り組むことは「ドイツ出自の市民」だけの課題であると答えたのは一五％にすぎず、約半数が「ドイツで生活しているトルコ出自の市民全員」の問題と見なしている。たしかにこの調査によれば、移民の四分の三は強制収容所記念施設やユダヤ博物館、ホロコースト記念碑を訪れたことがなく、ホロコーストに関する知識も少ない（「(どちらかというと)よく知っている」と答えたのは三一％）が、少なくとも半数近くがホロコーストを「私たち」の歴史として意識しているといえよう。〇五〜〇七年にベルリン、パリ、ロンドンでムスリムを対象に行われた意識調査[33]では、ホロコーストが「悪魔、無辜の受苦」を参照するための「空虚なメタファー」として使われていることが明らかにされている。とくにパレスティナ問題ではユダヤ人がナチスに類比され、ベルリンのムスリム青年たちは「ナチスがユダヤ人を殺したように、ユダヤ人は民衆を殺していて、違いはない。ヒトラーがユダヤ人に行ったことを自ら行っているのなら、ユダヤ人はヒトラーの行動を訴えることはできない」、「当時のナチスがユダヤ人を人間とみなさなかったのとまったく同じように、イスラエルは実際にパレスティナ人を人間とみなしていない」といった発言をしている。しかし、かつてのユダヤ人の迫害を現在におけるムスリムへの敵愾心と直接的に類比する者は少数で、その大半はロンドンのムスリムであったという。

では、どのような移民がホロコーストやナチ時代の歴史的経験をどのように自らの歴史として受容し(あるいは受容せず)、何と類比しているのであろうか。一九九七年から九九年にかけて一五歳から二〇歳までのドイツの移民を対象に行った意識調査(34)は、その実態を明らかにしているので、詳しく検討してみることにする。

まず、積極的にこの歴史問題に取り組む姿勢を見せた移民の事例を見てみよう。興味深いことに、両親の離婚と母親のドイツ人との再婚や共同生活によって「私たちの母たち、私たちの父たち」を義理の祖父母としてもつことになった移民は、家族史としてこの歴史を理解し始め、この歴史への関心と取り組みをドイツ国民に帰属する条件として理解するようになる傾向が確認される。たとえば、母親のドイツ人男性との再婚で父親の違う弟をもち、血縁上の父よりも継父を父親として実感しているBは、義理の父と祖父母との会話から第二次世界大戦の歴史を身近に感じるようになり、テレージエンシュタット記念施設の研修旅行にも参加している。しかしこの研修旅行の出発前に学友から「いったいそこで何をしたいんだ、むしろトルコに行ったら」と言われ、ドイツ人としての歴史的自己同一性を否定されてしまうのである。こうした経験から彼は「私はここで外国人であると感じていない。どこかでドイツ人でもある。でも、どこかでトルコ人でもある。両方だ」と自覚していく。ところがチェコを訪れて、自分が侵略者の子孫とみられている視線を感じたときに、彼は「トルコ人」であることを忘れ、「純粋ドイツ人」であると実感したという。つまりドイツ人としての罪意識によってドイツ国民共同体に帰属する資格を得たと感じたのである。(35)

同様に真摯に取り組んでいても、ナチス・ドイツの犠牲者を「私たち」の祖父母にもっている場合には、帰属の行く先は逆になる。両親がボスニア出身のDは、祖父が二人とも占領中にパルチザンに加わり、一人はドイツの捕虜になり、もう一人は家族の目の前で国防軍から射殺されたという家族史をもつ。「国防軍展」を見学した彼はその歴史を生々しく確認し、ほかのドイツ人とは「心の動かされ方が異なっている」ことを感じた。生まれ育った国で身に着けた「ドイツ・アイデンティティ」を彼は否定しないが、「ボスニア・アイデンティティ」を突き合わせることでそこから距離を保ち、状況に応じて帰属を使い分けているのだという。(36)

過去との取り組みがBとは逆の効果を生んだ事例も調査から見出される。ドイツ生まれだが、六歳までトルコの祖母のもとで生活したHは、家族史的な伝承がないためにナチズムの歴史を自己の歴史として感じることはなかった。それでも自分が「まったくドイツ人であると感じていた」のだが、ホロコースト映画を観たことでドイツ人に対する憎悪が沸き上がってしまう。前述の『ツァイト』紙依頼の調査で、強制収容所の写真を見て二三％の移民が「ドイツ人に対する嫌悪をとくに」感じたと答えているが、彼女はそのような反応を過敏に示したタイプであった。そしてドイツ人の教師たちをじっと見つめながら彼女は、「自分がこの人たちの一員ではないことを、トルコ人であることを」うれしく思うと同時に、自分が加害者と傍観者の社会のただなかにいることを感じ、宗教的マイノリティとして迫害されたユダヤ人に類比できる存在であることを自覚していったという。これは、ドイツ人であることに対する潜在的な違和感がホロコーストを知ることで顕在化して、オルタナティヴなアイデンティティが見出された事例であるといえよう(37)。

移民として差別された体験からホロコーストの加害者－犠牲者関係を現在のドイツ人－移民関係に投影させる事例はもちろん存在する。ドイツで出生したのちに七歳まで兄弟とともにクルド人地区で暮らしていたTは、ドイツ国籍を取得したにもかかわらず、マジョリティ社会が自分をドイツ人として承認しないことに憤慨し、「ユダヤ人もそうだった。ドイツ人であるユダヤ人だったけど、ドイツ人として受け入れられなかった。そして現在、私たちのところでは外国人がまさにそうだ」とドイツにおけるかつてのユダヤ人と現在の移民を類比している。しかし彼がそのように過去を想起するのは、Hのようにマジョリティ社会から距離をとるためではなく、その社会が過去を反省し、未来に同じ過ちをくり返すことなく、移民を国民として受け入れることを求めているからである。だから彼は「その歴史を正しくイメージするために、だれもが強制収容所を見なければならない」と主張しながら、自らも一員として帰属することになる共同体としての「新ドイツ人」は罪悪感を抱く必要はないと説

くのである。(38)

同じクルド系であっても、一〇歳でドイツに移り住んだMは、現在のトルコ社会におけるクルド人の状況をナチ時代のユダヤ人の境遇と類似させている。「クルド人はやりたいことをやることが許されないのだ。たとえば、ユダヤ人は店をもつことができなかった。これはクルド人と同じだ。まったく同じなわけじゃない。クルド人は店をもつことができる。でも、いつかそんな事態になれば、お前らはここで店を開いちゃいけないなんてトルコ人が言う。いつかそういうことになる」と語る彼にとって、ホロコーストは人類の苦難の尺度なのであり、その尺度が自己同一化するクルド人に適用されているのである。(39)

以上のように、移民が移民社会のなかでアイデンティティ――それがドイツ国民としてのものであれ、エスニック・マイノリティとしてのものであれ、ハイブリッドなものであれ――を形成していくなかでホロコーストの記憶が重要な役割を果たしていることが理解できよう。出自、家族関係、エスニック・マイノリティとしての体験、自己のマジョリティ社会との関係といった多様な脈絡のなかで、移民が「ホロコースト・モデル」のプリズムを通して行ったホロコーストとナチ時代の想起はさまざまな内容と意味を有し、けっして一様ではない。つまり、グローバルな「ホロコースト・モデル」は均一的な過去の表象を再生産し、画一的な機能を果たしているわけではない。ローカルな脈絡のなかでこのモデルを通して多様にメタファーと類比が駆使され、多様な表象が生み出され、さまざまなローカル・アイデンティティがグローカルに生成されているのである。

終章　〈想起の政治学〉——創建神話としての暴力

1　法／体制と記憶

「暴力の世紀」であった二〇世紀。暴力の連鎖が断ち切られることがなく、その展望さえ見えていない二一世紀。この二つの世紀において暴力、とりわけ戦時暴力が慰霊祭や小説、映画、ドラマなどを通して公的に絶えず想起されつづけているのはなぜか。その記憶に変化が生じるのはなぜなのか。これが本書の提起した問題であった。

本書はまず、暴力が「法」の根源であり、国家の政治・経済・社会の諸原則の統括的総体としての「体制」もまた暴力によって基礎づけられていることを確認し、法と体制を直接的に措定した暴力をベンヤミンにしたがって「神話的暴力」と名づけて、そこにこの暴力が記憶される根本的要因を見出した。しかし法と体制は措定されるだけではなく、維持される必要があるために、神話的暴力は想起されつづけるだけではなく、法が改変され、体制が変容するにしたがって、この措定暴力の表象である記憶にも修正や変更が加えられることになる。だから暴力の記憶は、この暴力がもたらした体制の評価だけではなく、その維持や変革、あるいは克服・廃絶の問題と密接にかかわっていることになる。このことを仮説として、本書は第三帝国、とくに戦争暴力の記憶の生成を検討することで、同時に戦後ドイツ体制の生成と変容の分析をめざした。では、「記憶」と「法」および「体制」の関係はいかなるものであるのだろうか。これまでの議論を踏まえてこの関係を理解する手がかりをつかむために、司法が直接的に関わった大戦中の暴力とその記憶の問題をここで扱ってみよう。

前述したように、ナチ期には軍事法廷に加えて、民族法廷と特別法廷でも一万七〇〇〇人以上の人びとが死刑判決を受けた。そのなかで極刑を乱発して恐れられた裁判官が、ヒトラー暗殺未遂事件や「白バラ」反ナチ抵抗運動の被告人も含む数千人を処刑台に送り込んだ民族法廷長官のR・フライスラーであった。彼は一九四五年二月に空襲で死亡したため、戦後にその責任を問われることはなかったが、死刑判決にかかわった他の裁判官の大半も罪を訴えられることはなく、戦後も公務をつづけることができた。その一因となったのが、五六年に下された最高裁判所の判決であった。刑法は「故意に法を歪曲した」裁判官に五年までの刑が科されることを定めているが、この判決は裁判官が法を破っていることを意識している「直接的故意」が証明されることを有罪の条件にした。そのため、たとえ不当な法令であったとも、政治的意図などによってその法を歪めず、それに準拠した判決を下しているかぎり、換言すればナチ体制の法とその執行に従順であれば、ナチ期の裁判官の罪を立証することは困難になったのである。(1) ところが六七年に、フライスラーの片腕として民族法廷で二三一人の死刑判決に関与した裁判官のH・J・レーゼに対して、ベルリン地裁は「三つの事件で殺人幇助、四つの事件で殺人未遂幇助」の罪で五年の禁固刑を処した。[2]

これらの七つの「事件」は、第三帝国後の民主的な国家構想の覚書の起草、ヒトラーの射殺を願う職場での発言、戦争にもはや勝利の見込みはないという病院での会話、ヒトラーやゲーリング、ナチ党に関する流言やブラックジョークといった、近代的な法治国家ではせいぜい名誉毀損でしか訴えようのない違法行為であったが、レーゼは「利敵行為」と「国防力破壊工作」を規定した法令にもとづいてそれらの被告に死刑を言い渡した。これに対してベルリン地裁はレーゼが、「七つの事件すべてにおいてその行為がドイツ帝国に不利な結果をもたらすことはなく、下された死刑判決はきわめて極端なものである」(傍点引用者)ことを認識していたにもかかわらず、彼はフライスラーの権威に服従し、刑罰の判断に同意し、法を厳密に適用することではなく、「国家指導部の意志を貫徹し、その意志に無条件に従わない者を無力にすることに自分の使命を見ていた」と判断した。[3] こうしてナチ期の司法が弾劾されることになった。しかし、ベルリン地裁が——他の類似の裁判と同じように、五六年の判決にしたがって——判決の基準に据えていたのは〈判決がもとづいていた法令が不当であったのか〉ではなく、〈その法令が正当に適用されたのか〉にあった。つまりドイツ帝国に「不利な結果をもたらす」違反行為ではないと知りながら、死刑判決を下すことが問題なのであって、この国家に「不利な結果をもたらす」行為であると判断して、死刑判決を下したならば、その裁判官は法を遵守して「正しい」行動をしたことになる。

この判決に対して被告と検察の両者が控訴し、六八年に控訴審は「民族法廷は法令にのみ従う独立した裁判所であった」と認定して、レーゼに無罪を宣告した。検察は上告したが、翌年の秋にレーゼが死亡したことでこの裁判劇は幕を閉じ、ナチ裁判官の罪を問う試みはふたたび頓挫したのである。この判決によれば、(4)「利敵行為」と「国防力破壊工作」を罰する法令は「外部から危険な状況が迫っている時期に厳しい戦時法規によって国内で国家の存立を確保するというどの国家ももつ権利」(傍点引用者)に合致しており、その意味で「法令をこえた不文律の法に違反していない」と判断して、その不法性を否定した。(5)そして「利敵行為」の刑罰を定めた刑法第九一条b項を次のように正当化している。

「その行為によって不利益を受けざるをえない自国の戦力は、純粋に軍事的な組織だけではなく、戦争遂行のために準備され、その遂行に必要不可欠であるすべての民族の力、精神・魂的な性格なものも包括される。人民が自己の目的の正義を確信していることも戦力に属する。刑法第九一条b項には物質的な利敵行為だけではなく、いわゆる精神的な利敵行為も含まれるという解釈はこの法律とその目的の枠から外れていないと、陪審裁判所は判断する。この解釈は、全人口が戦争にかかわり、敵の戦闘意志を弱体化させる心理的手段が純粋に物質的な戦闘手段と比べて著しく重要になっている近代的な戦争の本質に適合している(6)」。

この判決を下した裁判長にとって、第三帝国を含むどの国家も「自己存立の権利」を有する。だから危機の時代に国家が「威嚇するような異常な手段」(7)に手を伸ばしたとしても、非難することはできないことになる。こうして戦後ドイツ司法は、ナチ期に制定された法律とそれにもとづいて下された死刑判決を正当であると承認し、その裁判官の罪を認めなかったのである。逆にいえば、彼らによって処刑台に送られた被告人は戦後も犯罪者として記憶されることになった。

しかし、この判決は世論から全面的に合意されていたわけではなかった。判決理由が述べられると傍聴席から激しい抗議の声が上がっており、法廷を出たレーゼは顔を殴りつけられた(8)。この判決を『フランクフルト・ルントシャウ』紙は「驚くべき無罪判決」の見出しをつけて第一面で報じ(9)、『シュピーゲル』誌は「ローランド・フライスラー、今日は彼も無罪判決を下されたことになろう。この法に仕えた裁判官、ローランド・フライスラーを祝って万歳」と皮肉った(10)。

それから一〇年後、このような判決がもはや不可能になりつつあることを暗示する出来事を戦後ドイツは経験することになる。七八年、バーデン-ヴュルテンベルク州首相のH・K・フィルビンガー(キリスト教民主同盟)が、戦時中に死刑判決にかかわっていたことが『ツァイト』紙と『シュピーゲル』誌によって暴露され、辞任に追い込まれたのである。一九一三年生まれの彼は三六年までナチ・ドイツ学生同盟、三四年から三七年まで親衛隊、三七年以後はナチ党に加入しており、そのキャリアは褐色に塗りつぶされていた。四〇年に国防軍に召集され、四三年から四五年にかけて占領下のノルウェーで海軍の裁判官と検察の任務に就いていたときに、問題となった死刑判決を下している。彼は突きつけられた証拠資料の信憑性を否定することなく、「当時において適法(Rechtens)であったことが、今日において不法(Unrecht)であることはありえない」と反駁した。つまり、当時の法律に従った者は今日において責められえないという六八年のレーゼ判決と同じ論理でその過去を弁明したのだが、もはやかつての「常識」は通用しなかった。この弁明は彼に対する非難の火に油を注ぎ、キリスト教民主同盟も火の粉が降りかかることを避けようと彼を弁護せず、フィルビンガーは孤立して、州首相の地位を去らなければならなくなったのである。その発言は、頑迷固陋の歴史観を代表する不名誉な「名言」として記憶に残ることになった。[11] 彼は軍法裁判で脱走兵に死刑判決を下していたが、第4章第4節で述べたように、最高裁判所は九五年一一月の判決で脱走兵に容赦なく極刑を言い渡しつづけた軍法裁判を「テロ司法」とみなし、戦後もキャリアを積んでいったその裁判官を「重大犯罪を伴う故意の法律濫用のために責任を負わなければならない血の裁判官」とよんだ。ここにいたって、戦時下のナチ司法が下した判決に対する評価はレーゼの無罪判決から一八〇度覆ったことを私たちは確認することができよう。

六七年の裁判の被告人質問で、「もし眼鏡をかけている人すべてが厳罰に処せられる法令が制定されたら」との問いにレーゼは「何も、まったく何も私はすることはできないでしょう。抵抗でもしろというのですか？　決められた事実なのですから、私たちは従うほかなかったのです」と返答している。[12] 判決は法令にもとづいて行われるのであって、その法令が正しいかどうかの判断を司法は行わないことをレーゼだけではなく、この裁判自体も前提にしており、彼は判決で法令を歪曲しなかったことを理由に無罪を主張した。この前提に従うなら、眼鏡をかけていることを犯罪として極刑を科すというような理不尽な悪法であっても、法令は厳守され、違反者は処罰されなければならないことになる。反ユダヤ主義を合法化した「ニュルンベルク法」でさえも適法とみなされてしまう。このような悪法を不法(Unrecht)として判断しようとする法の理念が「法令の上に立つ法」である。この「法」の欠如がレーゼの無罪判決をもたらし、その確立がフィルビンガー州首相を辞任に追い込んだといえよう。遵守した法令が不法とみなされることで、遵守した責任を問うことができるようになったからである。

眼鏡をかけている者を厳罰に処す法令を正当化する法的根拠を見出すことは困難であるとしても、「利敵行為」と「国防力破壊工作」を罰する法令は六八年の裁判で明確に正当化された。前述した「外部から危険な状況が迫っている時期に厳しい戦時法規によって国内で国家の存立を確保するというどの国家も有する権利(Recht)」、すなわち「国家の自己存立の権利(Recht)」にもとづいていて二つの法令は合法とみなされたからである。つまり、この法令の合法・不法性を判断する「法・権利(Recht)」は存在していたことになる。この権利を侵犯しないと判断された行為に有罪判決が下された場合にはじめて、判決は不当とみなされうることになり、六七年判決では、「ドイツ帝国に不利な結果をもたらさない」違法行為に対して「特別に極端な」死刑判決を下していることをレーゼが認識していたことが、彼に対する有罪判決の根拠となっている。ドイツ帝国にとって不利な結果を「もたらす」と判断された場合には、その判決は正当なものになり、現実にレーゼは控訴審で無罪を獲得した。そして、この権利はどの国家も保持しているものとみなされている点で普遍的であり、その意味でも「国家の自己存立の権利(Recht)」は「法令の上に立つ法(Recht)」であるとみなすことができよう。こうして、「国防力破壊工作」を罰する法令は六八年判決のなかで「最終勝利の獲得のために民族を全面的に出動する準備をさせることを妨害あるいは損なわせるどんな試みも撲滅するよう努力し〔……〕、まだ萌芽のうちに摘み取る」[13]手段として正当化され、その死刑判決も是認されたのである。

第1章第4節で検討したように、宗教的理由で受けた禁固刑と、兵役拒否のために下された死刑判決(のちに一〇年の禁固刑に減刑)に対してエホバの証人の信徒とその遺族が起こした二つの賠償請求裁判では異なる判決が下されたが、それは判決の基準となる「法令の上に立つ法」が異なっていたからにほかならない。つまり、前者の裁判でこの信徒は、人種・信条・性別による差別を禁止する「人権」という「法令の上に立つ法」によって彼の拘禁が「不法」とみなされたため、賠償請求を認められた。ところが後者の場合に兵役拒否を違法とする法令は「国家の自己存立の権利」という「法令の上に立つ法」によって戦後も合法とみなされ、賠償は拒否された。彼に対する死刑判決がもとづいていたのは、政治・宗教・世界観上での敵対関係ではなく、「戦争においてドイツ民族の抵抗力を守るためには必要であったという確信」であったと判断されたためである。脱走兵が受けた司法・社会的な差別と迫害もまた「国家の自己存立の権利」にもとづいていた。人種・宗教上の差別を禁じた平等権という「人権」がニュルンベルク裁判以降に「法令の上に立つ法」として受容されていった一方で、第三帝国において絶大な威力をもった「国家の自己存立の権利」は戦後も効力を失わなかったのである。これからこの権利を「国権」とよぶことにしよう。

以上のように、ナチ体制が司法を通して行使した暴力は「国権」の効力の継続によって正当化され、死刑を下された者は犯罪者として記憶されたが、のちにこの暴力の評価と記憶は大きく変化することになった。この事実は、これまでの議論にしたがうならば、「国権」が絶対的な効力を失い、それに代わる新たな「法令の上に立つ法」がその暴力を新たに判断する根拠を与えることで、この暴力は「不法」とみなされ、死刑を下した者が犯罪者（＝「血の裁判官」）として想起されていくようになったことを意味する。つまり、「法」の変化と記憶の変化は連動しているのである。本書は「法」の問題を「体制」に敷衍して考察し、暴力の記憶を「体制」との関係において問題にすることをめざしたが、次節では記憶の変化から戦後ドイツ体制の変化を読み取ってみよう。本書が取り上げた暴力の記憶とその変化は、「法令の上に立つ法」とどのように関連しているのであろうか。そして「体制」の確立と変容は記憶の問題とどのように関わっているのであろうか。

2 戦後体制からポスト戦後体制へ

エホバの証人の信徒の賠償請求に対する二つの異なる判決からすでに理解できるように、国権と人権は「法令の上に立つ法」として一つの体制のなかで併存することは可能であり、むしろ両者がバランスを保っている状態が通常であるといってよい。平時と戦時や非常事態とでは国権の強度と内容は著しく異なり、国権によって人権が制限されることもあれば、逆に国権が人権によって制限されることもあるように、同じ体制においても状況の変化によってそのバランスは異なる。また、人権も歴史的に絶えず内容を変化させており、「プライバシー権」や「環境権」といったように新しい人権が生み出されているだけではなく、国家との関係は一様ではない。古典的な類型論にしたがえば人権は、国家に対して不作為を請求する権利(国家の侵害を排除する、国家からの権利)の「自由権」、国家に対して作為を請求する権利の「受益権」、国家に対して具体的な給付を請求する権利の「社会権」、国家活動に参加する権利の「参政権」に区分される(14)。さらに、人権の主体も状況に応じて異なっている。人権(Menschenrecht)の「人」が誰であるのかという基本的な問い(たとえば「人=男」による人権からの女性の排除の問題)はさておいて、人間一般がもっている権利としての人権が自然法的な人権概念とは区別される実定法上の「基本権(Grundrecht)」として捉えられるとき、人権の主体は実質的に「国民」に限定されることが生じうる。この場合に外国人やエスニック・マイノリティ、あるいは性的・宗教的・文化的マイノリティなどが「非国民」的存在として定義されて、人権の対象から排除されることもあるが、この排除にはつねに国権が関与している。つまり、人権と国権の問題はだれが国民であるのかという定義と密接にかかわっているのである。たとえば、ナチ体制は国権を強力に発動して人種主義的に国民を定義し、ユダヤ人やロマ人、同性愛者、知的障がい者、エホバの証人信徒、兵役拒否者、脱走兵などから人権を奪い取っていった。

ナチ期に人権を奪われて迫害されたこれらのマイノリティに対する差別は戦後体制においても継続した。たしかに六〇年代以後に、反ユダヤ主義的行為は戦後体制の法に抵触する行為とみなされていった。しかし、同性愛行為はこの体制においても刑罰の対象となる犯罪行為であり、その意味で同性愛者に人権は認められていなかったし、他のマイノリティも、少なくとも社会的には類似した扱いを受けていた。そしてこれらのマイノリティに対して行使されたナチ体制における暴力が問題視され、公的に想起されることはなかったのである。[15] またホロコーストも、拙著『ホロコーストと戦後ドイツ』で詳述したように、非国民化された「ナチス」という他者の犯罪とみなされ、戦後体制を措定した「神話的暴力」として記憶されなかったために、他の戦時暴力ほど想起される対象ではなかった。

むしろ、「神話的暴力」の役割を果たしたのは敗退期における東部戦線、とりわけ戦後体制の〈はじまりのはじまり〉とみなされたスターリングラード戦における暴力であった。この戦争はナチ幹部の政治的で、非専門的で、エゴイスティックな戦術によって遂行され、そのため国防軍の兵士に甚大な犠牲を強いた悲劇として記憶された。これらの戦争によってナチズム体制は崩壊したが、その結果としてドイツはナチズムから解放されたわけではなく、もう一つの全体主義である共産主義による支配がその東部で開始され、ドイツの分裂をもたらした。つまり、解放ではなく、崩壊をもたらしたこの「神話的暴力」が措定した戦後体制は、むしろ克服されるべきものであった。そしてこの共産主義国家の「暴力」の正当性を記憶のなかで認めず、そのイデオロギーをあらためて敵とすることで、西ドイツ国家はその国権を主張したのである。同時に、ナチスと共産主義国家から加えられた戦争暴力は「神話的暴力」として反全体主義という西ドイツ体制の「法」を措定した。

そして、この暴力の記憶において主役を務めたのは、国権の物語を演じる能動的犠牲者であった。この主人公たちが身を投じた戦争は、ナチスの人種主義イデオロギーの遂行を目的とした侵略戦争ではなく、祖国のために戦ったが、ナチス幹部のエゴイスティックな戦術によって敗北してしまった

「普通」の戦争であった。最終的に兵士たちはナチ主導の戦争〈の受動的犠牲者として悲劇を演じることができたが、能動的に祖国に尽くしたことが悲劇に加わる条件であり、ナチスが始めた戦争で能動的に戦ったことの是非が問われることも、人種主義戦争への関与が疑われることもなかった。「ナチス」は利己的に戦争を遂行した存在として非国民化された一方で、大量に処刑された脱走兵も「臆病者」や「裏切り者」とみなされた「非国民」として記憶され、生き延びた者は容赦ない差別行為を日常的に受け、社会的・精神的に孤立した状況に追い込まれた。一方、空襲の体験は「復興物語」によって能動的犠牲者の装いを身に着けることで、その犠牲に意味が付与されたのである。

ホロコーストを究極的な人権侵害の歴史的事件として捉え、ほかの出来事の不法性を判断する基準を設けた「ホロコースト・モデル」は、まさにその「法令の上に立つ法」として人権を持ち出すことで、記憶の構造を根本的に変えていった。こうして第三帝国が「不法国家」であり、その国家が起こした戦争は人種主義的イデオロギーにもとづく侵略戦争であることが明確に認識され、戦争で能動的に行為したことの意味は失われていった。そして従軍兵士も人種主義戦争に関与した事実が明らかにされ、その責任が問われただけではなく、神話的暴力として記憶に刻まれることになった。さらに、第三帝国に対するあらゆる抵抗が歴史的に承認され、国権に対する違反行為にも抵抗権が認められるようになった。一方で、兵士や空襲被害者はホロコースト犠牲者に類似する国権の受動的犠牲者として記憶されることになった。この受動的犠牲者が主役を演じる人権の物語において、国権の違反者にも人権が適用される対象は拡大され、兵役拒否者や脱走兵は〈祖国の裏切り者〉から〈殺害を拒否した人道主義者〉へと評価を変えたのである。

このような記憶の構造と内容の転換を、〈戦後体制〉から〈ポスト戦後体制〉への転換として解読することが本書の試みである。戦後体制はナチ体制の暴力的崩壊を通して成立したが、その体制からポスト戦後体制への転換は、戦争や革命などの直接的な暴力によって法が措定されて生じたわけではない。むしろ、戦後体制の法を措定した神話的暴力の記憶が転換され、ホロコーストが新たな神話的暴力として記憶されることによって象徴的に「暴力」が振るわれた。序章で紹介したジジェクの概念を適用すれば、直接的に行使された「主観的暴力」ではなく、「客観的暴力」としての「システム的暴力」が行使されたのである。こうして新たに法が措定され、ポスト戦後体制は漸進的に成立することになった。

ナチ体制と戦後体制では国権が人権の内容と主体を規定していたために、レーゼはナチ体制で有罪判決を乱発し、戦後体制で無罪の判決を得ることができたが、ポスト戦後体制においてフィルビンガー州首相は、国権にもとづく法令の不法性を裁定する人権によって過去の責任を問われ、辞任に追い込まれた。一方で、社会民主党と緑の党の連合政権でコソヴォへの軍事介入が決断されたときに、この戦後初の国外における軍隊の武力行使という国権の発動は人権を通して正当化された。つまり、ポスト戦後体制では国権が人権によって制限される場合もあれば、むしろ強化される可能性もある。

近代国家は国民国家であることを原則としているために、近代国家の体制は——ナチズムの人種主義体制がユダヤ人などを排斥し、西ドイツの戦後体制が共産主義者を排除し、移民の帰化に頑なであったように——国民の範疇の規定にもかかわっている。ポスト戦後体制では、人権の主体が移民や難民、ヨーロッパ市民にも拡大されていく一方で、実定法上の「基本権」に人権を制限し、「私たちが国民(=主権者)だ(Wir sind das Volk)」と叫んで、マジョリティの人権を「ファースト」にすることを求める右翼ポピュリズムの声が、いまや全ヨーロッパ、あるいは全世界的に聞かれるようになった。その声がしばしば歴史認識上の「暴言」も吐き出して舌禍事件を引き起こしているのは、ここでも記憶と国民国家体制が密接にかかわりあっているからにほかならない。どれほど意識されているのかはともかくとして、「暴力」の記憶はつねに体制の形成や維持、変革あるいは克服と廃絶の問題と関わっている。つまり、どのように暴力は記憶されるべきであるのかという記憶の問題はつねにきわめて政治的なのであり、その想起自体がすでに体制をめぐるヘゲモニー闘争なのである。これが本書の提起する〈想起の政治学〉の意味である。

第6章で検討したように、トランスナショナルに普及していく「ホロコースト・モデル」はグ、、、ローバルに均一的な政治状況をもたらすのではなく、ローカルな脈絡にしたがってグロ、ー、カ、ルに多様な作用を引き起こしていくが、このことはドイツの国政にも当てはまる。実際に、「過去の克服」や、民族的・社会的・性的マイノリティの人権擁護をもっとも精力的に推し進めていた「緑の党」が反体制的政党から脱却して、今や政権政党として体制内化された一方で、歴史修正主義を唱え、移民の排斥とイスラームの社会的同化を求めるポピュリスト政党「ドイツのための選択肢」が反体制的な政党として国政において定着した。かつては「フランス革命モデル」にしたがって政治的左右軸が形成されたが、現在のポスト戦後体制においては「ホロコースト・モデル」がその役割を担っているといっていいだろう。そして、このモデルによってドイツ国民は受動的犠牲者として歴史的に再構築されたが、この国民像をめぐり、新たな政治的左右軸をはさんで「日々の国民闘争」がくり広げられているのである。

3 戦後日本と〈想起の政治学〉

最後に、序章で提起した問題に立ち返ってみたい。原爆を不当な暴力として感じ取りながら、片腕と家族の命を失って終戦を迎え、嫁ぎ先の家族に戦後の「居場所」を見出した純朴な若い女性を描いた物語『この世界の片隅に』は、なぜ二〇〇〇年代にあらわれ、くり返し映像化されるような社会現象となったのであろうか。そしてこの現象は何を意味するのであろうか。もちろんドイツを対象に考察を重ねてきた本書はこの問いに直接的に答えうる分析を行ってきたわけではない。しかしこれまでの議論を通してはっきり言えることは、この物語が戦後体制の変容・変革とどのように関わっているのかを問題にしなければ、その問いに答えることはできないということである。もし仮説として提起することが許されるのならば、現在のこのような暴力の記憶はポスト戦後体制の形成にともなう現象であると言っておきたい。この仮説を実証することはまだできないが、いくつか示唆だけでも示し、〈想起の政治学〉を提起したい。

まず注目されるのは主人公の設定である。つまり、『この世界の片隅に』では、特筆すべき才能があるわけでも、特異なキャラクターをもっているわけでもない徹頭徹尾「凡庸」な若き女性が主役に選ばれている。ゲンの一家とは異なり、すずは伝統的な家族・ジェンダー規範から逸脱することなく、妻、嫁、「隣組」の一員として戦時体制に純朴に順応しており、そのこと自体はむしろ肯定的に描かれている。凡庸なこの女性にとってそれ以外の生き方は考えにくいが、本書の概念に厳密に従えば、すずが「受動的犠牲者」であるとはけっして言えない。たしかに非力ではあるが、彼女は戦時体制の一員として銃後でアメリカと戦っており、そして片腕を失った「能動的犠牲者」である。この点においてすずは、序章で紹介した五〇年代の映画『長崎の歌は忘れじ』の主人公の綾子とも、七〇年代以降にさまざまな媒体で公開された『はだしのゲン』のゲンとも異なる。綾子は原爆の閃光によって失明した「受動的犠牲者」であり、ゲンは戦時体制と戦後体制に対しては「受動的犠牲者」ではあったが、その体制に「神的暴力」を行使することで新たな共同体を求める「能動的犠牲者」であるからだ。

一方、抜けているところがあるが、それがかえって愛嬌を醸し出しているすずは、素直で、飾り気のないうぶな娘・嫁であるが、勝利を信じてけなげに戦時体制を生きた「普通の能動的犠牲者」の一人なのである。しかし「能動的犠牲者」であるにもかかわらず、暴力を行使する能力をまったく欠き、片腕を戦時暴力で失ったためにますますその能力を失うことで、また、暴力を行使されるだけで、能動的犠牲を払うことができない「か弱い」女性であるがゆえに、この主人公は「受動的犠牲者」としか表象されえない。これまで戦争映画などで主役を務めてきた特攻隊員や出陣学徒、「ひめゆり」、あるいは反軍国主義者ではなく、このような主人公を設定したことに『この世界の片隅に』の特徴の一つが認められよう。そのような人物に戦後国民を表象＝代表させようとする――意識的であれ、無意識的であれ――意図が作者あるいは読者からこの物語に込められているとすれば、私たちはこの人物設定の政治的意味を認識する必要がある。

自らが戦時暴力の犠牲者となり、コロニアルな支配を行使していた戦時体制の国家の暴力性を見抜いたとしても、戦後においてもすずは暴力によって措定された戦後体制に対しても順応せざるを得ないだろう。経済的なハンディキャップや社会的な差別や偏見、ハラスメントといった暴力を戦後に受けかねない「身体障がい者」として戦後を生きていくために、すずはこの体制から守られていくしかないからである。しかもすずは、この体制がアメリカ軍の暴力によって措定されたとはいえ、日本という名のつく国家の体制である限りで、能動的犠牲者としてこの体制から保護・補償される権利を有する。もっとも、この体制が順応と犠牲の見返りとしてすずを守る体制であるという保証はない。裏切られたと感じた彼女が、原爆によって措定された体制を拒否し、平和主義的あるいは国粋主義的な反体制運動に身を投じ、そこに新たな「居場所」＝国民共同体を見出そうとすることも考えられないことではない。しかし、ゲンのように戦後体制に反抗するために「神的暴力」を行使できる身体と精神の持ち主としてこの主人公は描かれていないし、読者も彼女がそのような行動をとることを予期も、期待もしていない。つまりすずは、「受動的犠牲者」であるかのように戦後体制に対して順応しつづける存在である。

すずは、嫁いだ呉市で空襲によって右手と姪の命を失ってしまうが、最終的に嫁ぎ先に戦後を生きる「居場所」＝アイデンティティを見出す。たしかに、八月六日を嫁ぎ先で迎えたすずは原爆の犠牲者共同体には属していない。しかし、実家の家族が原爆犠牲者であるだけではなく、たまたま出逢った原爆孤児を引き取り、彼女の居場所となった家族の一員として迎え入れている。こうしてそこは原爆の記憶と犠牲者が共存する共同体となり、そのような共同体として戦後の国民共同体が表象＝代表されている。しかし、それがどのような共同体であるのか、すずがどのような時間／空間的アイデンティティを探求していくのか、『はだしのゲン』とは異なり、その答えは物語によって明確に語られていない。

一方、『夕凪の街　桜の国』では主人公が被爆者の皆実から姪の七波に移る前に、そのような「居場所」が描き出されている。皆実が死にいたるまで母親と生活した「原爆スラム」である。しかしそこに散在していたはずの朝鮮人がこの「居場所」から消失しているだけではなく、ここでは犠牲者同士が連帯して犠牲を克服しようとする場としても描かれていない。またこの作品の論評でたびたび指摘されているように、原水禁運動のような「平和」を「約束できる」人びとの連帯・哀悼共同体は皆実にとって他者である。つまりこの主人公は「神話的暴力」が措定したどの共同体にも帰属していない。それゆえにこの物語では、『原爆の子』や『純愛物語』、『その夜は忘れない』、『愛と死の記録』などに登場し、『はだしのゲン』ではゲン自身が演じた「連帯・哀悼する主役」が不在なのである。こうして皆実は個人として死を迎えざるをえず、その死は世界の終焉を意味して、紙面は図表0－6

のように空白となっていく。そして犠牲者共同体に帰属していない皆実は犠牲者に連帯・哀悼することで「債務」(=責任・罪・負い目)を返済することができない。そのために「債務」を返済されていない恨みをもった原爆犠牲者はフラッシュバックの形で彼女の記憶のなかにあらわれ、彼女が幸福になることを躊躇させ、自らも死ぬべき存在であることを悟らせる。連帯・哀悼の物語を欠いた「神話的暴力」の記憶はトラウマとして彼女に襲いかかるのである。井上ひさし原作の映画『父と暮せば』(〇四年)でも、父親を救出できず、自分だけが生き残った記憶が娘にトラウマとなって襲いかかり、父親に「債務」を負っていると感じた娘は幸福になることを断念しようとするが、父親が亡霊として娘の前にあらわれ、「債務」を返済していることを説くことで、娘をトラウマから救済する。このような家族の「連帯・追悼共同体」も皆実の前にはあらわれない。

個人としての主人公の死によって白紙となって消えていった物語は、新たな主人公を持ち出すことで再開された。次の主人公である七波は、伯母である皆実、祖母、母がすでにこの世から姿を消したあとに、父とともにこの原爆犠牲者の記憶を家族史として紡いで、自分の来歴を確認していく。この歴史的事件との関係を結ぶ記憶を通して彼女は自分のアイデンティティ=「居場所」を見出し、共同体の形成に成功している。また、トラウマに襲われながら若い命を奪われた皆実を記憶し、その犠牲に物語を見出して、彼女に「居場所」を歴史的に提供するという意味で、七波はこの原爆犠牲者を救済する役割も果たしている。作者だけではなく、読者と視聴者の大半も戦後生まれであり、この「居場所」を共時的に体験していない『夕凪の街　桜の国』の後半の世界では、むしろ主人公の来歴と行方を現代に生きる人びとが辿りながら記憶し、集団的アイデンティティを形成していくことが求められている。そして七波が見出した「居場所」は『桜の国』という国民共同体である。

すずと七波が見出した「居場所」＝国民共同体は、被爆者の原作者がモデルとなっているゲンの共同体とはまったく異なる。彼女たちの「居場所」は、原爆の暴力によって措定された体制と敵対し、その暴力の犠牲者の追悼を通して築き上げられていくような連帯共同体ではない。すずの場合、この暴力によって措定された体制に包み込まれた伝統的な共同体が彼女の「居場所」である。しかし、家族や知人の多くの命と自分の右手を奪った暴力の張本人が誰なのか、すずは明確に認識している。中沢啓二のゲンとは異なり、こうの史代の主人公たちは日本の軍国主義体制に原爆投下の責任を認めてはいないから、名指しはしていないものの、「原爆を落とした人」は「アメリカ人」以外には考えられない。アメリカ軍の残飯でつくられ、たばこの空箱の破片が混じった雑炊に「うまー」と感動したすずは、その国家とプラグマティックな関係を結ぶことに同意できるが、その暴力の正当性を認めてはいない。その意味で、原爆によって措定された戦後体制とすずの国民共同体のあいだには齟齬が生じかねない。アメリカの暴力に憎悪のまなざしを向けるすずの「居場所」は、憲法改正による体制転換がその齟齬の解消に有効であるという主張に頷きやすい国民共同体でもある。このことは『夕凪の街　桜の国』にも当てはまる。図表0－6で示したように「十年経ったけど／原爆を落とした人はわたしを見て／「やった！　またひとり殺せた」／とちゃんと思うてくれとる？」と皆実の最期の言葉のなかで語られている。被爆二世であり、原爆症の発症を恐れる七波は、伯母の皆実の過去を記憶することで、原爆症だけではなく、自分を殺そうとする「原爆を落とした人」に対する恨みも遺伝しかねない。つまり、戦後に平和をもたらした痛々しい「恩恵」として原爆を記憶し、戦後体制が敗北を「抱きしめる」ことを求める映画『長崎の歌は忘れじ』のような日米の和解の物語は、こうの史代の世界には準備されていない。さらに、こうのの三人の主人公たちの共同体はその秩序を乱すゲンのような他者や異文化の侵入に対して防御的、あるいは攻撃的である。ゲンの国民共同体が――安倍晋三が脱却すべき「戦後レジーム」と呼んだように――「戦後体制」として想定されたときに、彼女たちの国民共同体はこの「戦後レジーム」から脱却しようとする思想と運動に共感しかねない。

『この世界の片隅に』がテレビ・ドラマとして映像化され、アニメ映画が複数の映画賞を受賞した大ヒット作となった二〇一〇年代、戦後はすずの世代全体が鬼籍に入りつつある時を迎えていた。すずが引き取った少女もみずからの原爆体験を記憶しているのかわからない年齢だ。つまり、『夕凪の街 桜の国』の皆実の死とその場面の空白化が象徴しているように、原爆犠牲者とともに形成されてきた国民共同体はこの犠牲の実体験者を失いつつある。J・アスマンの概念を用いれば[16]、原爆体験の集団的記憶が「コミュニケーション的記憶」の段階をこえて、「文化的記憶」として確立されていく移行期に当たるこの時期に、この究極的な暴力の歴史的経験から新たな国民共同体を形成していくモデルをこうの史代の二つの作品は提示しているといえよう。

以上のような仮説上の分析が正しいとすれば、何気なく消費されている暴力の物語のなかに体制とその転換という極めて政治的メッセージが内包されていることが理解されよう。しかし、この主人公たちが原水禁運動のような政治運動から距離を取っているという意味で非政治的であるという指摘は見られるものの、歴史的想起が孕んでいるこのような政治性を問題にしている『夕凪の街　桜の国』／『この世界の片隅に』論に私たちはほとんど出会わない。[17] そもそも、記憶の問題に関わっている社会学者や歴史学者のなかで、このような体制転換といった問題を内包する政治性を議論の組上に載せて記憶の問題を論じている研究者は少数である。むしろ、「戦後レジーム(体制)」を脱却しようとする政治家や、そのブレーン的役割を果たしている歴史修正主義者がこの政治性を強く意識しており、しかも、ドイツの場合とは逆にこの勢力は、国権が強化された体制を確立し、国民を再構築しようとしている。このような現状認識を踏まえ、「想起の政治学」をベンヤミン風に提唱することで本書を締めくくることにしよう。

これが、この勢力が推し進めている政治の想起化の実情である。これに対してこの勢力に対抗しようとする者は想起の政治化でもって応えるのだ。

あとがき

第二次世界大戦後に戦時暴力のおびただしい数の物語が、とりわけポピュラー・カルチャーを通して変化しながらたえず生み出されつづけているのはなぜなのか？――この疑問が本書の原点である。このような社会・文化現象を政治現象として読み取ることで、戦時暴力の物語が戦後の国民国家体制を形成し、その物語の変化に伴って戦後体制も変動してきたことを明らかにする――これが本書の目的であった。本書は戦後ドイツを分析の対象としたが、そこで展開した分析モデルは基本的に日本も含めた他の戦後国民国家体制にも適用できるのではないだろうか？――これが本書の提起した問題である。このことを確認したうえで、本書を執筆するにいたった二つの動機をこの「あとがき」で述べさせていただきたい。

まず、前著『反ユダヤ主義と「過去の克服」』で統計を示しながら指摘したように、九〇年代以降に「従軍慰安婦」問題や歴史教科書問題などで盛んに議論されてきた「過去の克服」がいまや語られることが少なくなってしまったことである。安倍政権下で日韓の政治・外交関係は険悪化し、韓国側からは「徴用工問題」や、「明治日本の産業革命遺産」、佐渡金山の世界遺産登録への異議が提起されているが、それに触発されて日本国内で「過去の克服」をめぐる激しい論争が展開されることはなくなってしまった。「従軍慰安婦」や「徴用工」などは日本にとっての「過去の克服」の問題ではなく、韓国の歴史認識の問題として、あるいは日韓の歴史認識の食い違いの問題として扱われているようになっている。このように歴史認識が変化していくなかで文化現象として脚光を浴び始めたのが、本書でも取り上げた『この世界の片隅に』である。このマンガは、単行本がミリオン・セラーを記録し、数カ国語に翻訳されただけではなく、テレビで実写版として二度ドラマ化され、アニメ映画もヒット作となった。現在(二〇二四年)ではミュージカル作品で私たちはこの物語に接することができる。ここにいたって『この世界の片隅に』は国民的な戦争物語の一つになったと言えよう。このように一方では「過去の克服」が語られることが少なくなり、他方では新しい戦争物語が脚光を浴びる。私にはこの二つの現象の同時性が偶然だとは思えず、むしろそこに同質の政治性を感じ取った。本書は、以前に『ホロコーストと戦後ドイツ』で提起した「ホロコースト・モデル」概念を研磨しながら、私の専門であるドイツ戦後史を通してこの政治性の解明に取り組む試みであった。

さらに私はもう一つの同時性を実感していた。それは、第二次世界大戦を体験し、その経験ゆえに戦後の平和主義に政治的ではなくとも、心情的に共感し、発言していた著名な女性たち——たとえば瀬戸内寂聴や橋田壽賀子、小山内美江子、ちなみに男性では菅原文太や宝田明など——の相次ぐ訃報である。そしてそれゆえに、東京大空襲犠牲者の慰霊の集いを毎年開催している海老名香葉子や、『窓ぎわのトットちゃん』の映画化を許可し、戦争の日常も詳しく触れているその続編を刊行した黒柳徹子のように、健在する同世代はその戦争体験を「残り時間」を意識しながら積極的に語っているように思える。

『この世界の片隅に』の主人公「すず」も彼女たちとまさに同世代である。そして一九二五年生まれと想定されるこの主人公は私の母と「同い年」だ。その年は年号では大正一四年であり、翌年の一二月に昭和が始まるので、この年に生まれた人は平成に年号が改まるまで昭和の年数と一緒に齢を重ねていった。アニメ映画版では場面が展開されるたびに昭和の年号がスクリーンに記されるため、その場面の時点ですずが、そして母が何歳であったのか、年齢を確認しながら映画を観ることができた。そのため、小学校で鉛筆をナイフで削っているすずの隣の席の少女や、配給ですずの後ろに並ぶ若い女性を当時の母の姿として見つめるといった心理的な二重写しを体験することになった。このような感情移入によってすずの物語が多くの戦争体験の一つの表象にすぎないという認識は頭から吹き飛ばされたわけだが、実際にすずの体験が国民的なものとして代弁され、多くの物語が一つの国民の物語へと回収されてしまうと、すずは――本書が分析した映画のタイトルを借用すれば――「私たちの母たち」の一人となり、「私の母」もそこに含まれてしまう。母も多くの「すず」のなかの一人だったのだ、といったように。しかし、先述の女性たちをすずに表象＝代弁された「私たちの母たち」と同一視できないことは明らかだ。地上戦が行われた沖縄で動員され、多くの犠牲者を出した「ひめゆり学徒隊」の女性たちも、あるいは従軍慰安婦として性労働に従事させられた朝鮮出身の女性たちもすずと同じ世代である。そして私の母も、おそらくはすずと同じように戦時体制に順応し、その体制を支えていた一人だったろうし、戦後体制そのものに批判的であったこともなかったが、その戦争の記憶はすずの国民の物語にすっぽりと収まりきるものではない。

先述の同世代の女性たちと同じく、私の母も心情的な平和主義者であった。末っ子に弟をもつ五人姉妹の四女として生を享けた母は、当時まだ兵役年齢に達していなかった弟を含むこの兄弟姉妹の構成は僥倖だったと私に語ったことがある。もしすべて男兄弟だったなら、兄弟のだれかを戦没者として失っていたことは確実だったからだという。戦後に三人の息子を生んだ母はその当時、そのだれかが「戦争にとられる」のではないかと不安を抱いていたことも語っていた。母は戦争を親兄弟や息子を戦場へと奪っていく暴力として記憶していたのだ。二〇年ほど前に母と兄家族とともに東京のホテルで正月を過ごすことがあったが、その機会に私は正月の靖国神社を社会見学して、そこで入手した資料を母に見せた。その時に母は、同世代も含む戦没者を英霊扱いするその追悼のあり方に「いまさら何をしたいのか」と不快感を漏らしたことを私ははっきりと覚えている。成人を迎えつつあった孫たちが「戦争にとられる」未来を恐れてもいたのだろう。その母も、四つ目の元号を迎えた翌年、初孫の子で、四人目の曽孫と初対面を果たした翌日に穏やかな顔のまま静かに旅立っていった。戦争体験にもとづく平和主義の語り部が失われていくなかで、彼女たちがもう語ることができない過去を私はどのように語るべきなのだろうか。本書はこの問いに答える使命感から生まれた。

本書の執筆を進めていく最中に、もう一つの動機が付け加わった。そのきっかけを与えたのがロシアの対ウクライナ戦争とイスラエルのガザ侵攻である。この二つの戦争の報道を目にして、その趨勢に大きな影響を及ぼしている歴史観や政治的な国際世論、感情的反応を理解し、考察するうえで、本書は寄与できるのではないかと考えるに至った。というのも、この戦争をめぐる政治において、本書が分析した歴史解釈の「ホロコースト・モデル」が重要な役割を果たしていると思えたからである。

たとえば、ドキュメンタリー映画『マリウポリの20日間』。この映画は、ロシア軍に侵攻され、包囲されたウクライナ南部の都市マリウポリに二〇日間とどまり、その内部の状況を撮影し続けたAP通信のウクライナ人のジャーナリストが監督を務め、二〇二四年三月の第九六回アカデミー賞で長編ドキュメンタリー映画賞を受賞するなど、国際的に高い評価を受けた作品である。ニュースで放映され、すでに私たちがリアルタイムで目にしていたシーンもこの映画には多い。つまり、このジャーナリストが配信した映像は、当時のニュース画像――とくに地下室で「死にたくない」と怯え震える男の子の姿や、被弾した産婦人科医院の惨状――としても、この戦争に関する世界的な世論の形成に多大な影響を与えていた。そして、その映像の中心にいるのは勇猛に戦う能動的犠牲者としてのウクライナ兵ではない。むしろその中心の舞台は病院や地下室である。恐怖に震えて泣き出すだけではなく、砲撃で命を奪われてしまった乳児、少年少女、妊婦などの凄惨な姿や、その死に慟哭する家族の映像などが映し出され、医療スタッフもその惨状を映像に収めて世界にその姿を伝えるようにジャーナリストに促す。そのような映像がインパクトの大きい強力な武器となることがジャーナリストと現地の市民のあいだで共有されているからだ。さらに、埋葬する時間と人手の余裕がないまま地下室に放置された大量の死体にも、医療スタッフに誘導されてカメラが向けられ、そのような死体が臨時に掘られた墓穴に積み重なるように投げ込まれる場面も登場する。つまりそれは、ナチスによるユダヤ人犠牲者を想起させる受動的犠牲者としてのウクライナ人の姿である。この都市を包囲したロシア軍に拘束されると、映像を没収されるだけではなく、これらの映像がフェイクであると自白を強要される可能性が高いため、ＡＰ通信のジャーナリストは都市を脱出しようと試み、そこではウクライナ兵士がこの「映像の武器」を死守しようと英雄的な行為で彼らを援助して、脱出は成功する。まるで強制収容所からのユダヤ人の逃亡とその救出をテーマにしたホロコースト映画を見ているようだ。したがってこの映画はアウシュヴィッツのイメージを呼び起こす「ホロコースト・モデル」に準じて編集されており、さらにブチャの報道映像も基本的にこのモデルに従ったものであったといえる。このような映像によってロシアの戦争目的の正当性は否定され、プーチンは戦争犯罪人とみなされ、ウクライナへの共感と支持が国際的に促されたと言っていいだろう。

一方で、私たちには理解の範囲を越えているが、プーチンにとってウクライナはナチス／ネオナチによって支配されている国なのだ。また、ホロコーストを建国神話とするイスラエルのネタニヤフ首相からも類似した「ホロコースト・モデル」の論理が展開されている。たとえば、ガザ侵攻をジェノサイドとして国際司法裁判所に訴えた南アフリカ政府に対して、彼はハマスの攻撃こそがジェノサイドであると反論し、ガザ侵攻をユダヤ人国家の存在を脅かす「新たなナチス」への防衛戦争であると歴史的に正当化しているのである。しかし、ガザの惨状を伝える多くの映像は「ホロコースト・モデル」にもとづく感情を引き起こし、多くの場合にネタニヤフとは逆の結論をもたらしている。つまり、ガザ侵攻の正当性は否定され、アメリカの大学などでくり広げられている世界的な反戦運動が引き起こされ、さらに反ユダヤ主義の感情と行動が誘発されているのである。ホロコーストの歴史的加害国であるドイツでは事情は複雑だ。この国ではイスラエル批判はほぼタブーであり、メディアではハマスの加害行為がより大きく取り上げられ、政府は全面的なイスラエル支持を表明し、ユダヤ人を守ることが「国是」であることを確認した。これに対してニカラグアがドイツをジェノサイド条約違反の廉で国際司法裁判所に提訴している。しかしすでに移民の国となって、多くのイスラーム系住民を抱えるこの国では、移民に限らずイスラエルの軍事行動にホロコーストの残像を見る者も少なくなく、ガザ侵攻に反対するデモだけではなく、反ユダヤ主義的行動も誘発されている。

本書の第6章でポーランドとドイツ国内の移民を事例にしてホロコーストの記憶の「グローカル化」を考察したが、まさにその現象が諸刃の剣として機能しながら、国民形成と国際政治のなかで蠢いていることが以上のことから確認できよう。ウクライナとガザの戦争に限らず、このような戦時暴力の記憶の「グローカル化」は現代社会のさまざまな現象に見られるが、その意味で「ホロコースト・モデル」はこれらの現象を分析・理解する上で有効な概念であると強調したい。この分析と理解になんらかの貢献をなしうることを願って、本書の執筆はすすめられたが、いまはこの願いが叶うことを祈るばかりである。

二〇二二年三月、長年勤めた立命館大学を定年退職することになった。特別任用教授の身分でまだこの大学に籍を置いているが、これまで私の研究活動を支えてくれた大学関係者や研究仲間の方々にこの場を借りて感謝申し上げたい。この支えなしに本書の完成は不可能だった。とくに第6章第1節の執筆において、ポーランド・イディッシュ文学を専門とする田中壮泰氏からポーランド語などに関して有益なアドバイスをいただいた。また、記憶の問題を考える上でその戦争・戦後体験をつねに参照してきた存在であり、最後の孫である息子の岬生へも長生きして戦争の記憶を引き渡してくれた母の淑子と、その生涯の最後の年月を献身的に支えてくれた兄夫婦の精一、みどりにもあらためて謝意を表したい。そして、『ホロコーストと戦後ドイツ』につづいてこのように持論を展開するすばらしい機会をふたたび与えてくれ、今回も適切な助言をいただいた岩波書店編集部の吉田浩一さんに感謝の気持ちを伝えたい。本当にありがとう。

二〇二四年六月、京都・太秦にて

著　者

ホロコーストと戦後ドイツ
——表象・物語・主体
高橋秀寿
四六判二六二頁
定価三〇八〇円

ウィーン ユダヤ人が消えた街
——オーストリアのホロコースト
野村真理
四六判二六二頁
定価三一九〇円

ニュルンベルク裁判
芝健介
四六判三五六頁
定価三五二〇円

越境する歴史認識
——ヨーロッパにおける「公共史」の試み
剣持久木 編
A5判二二二頁
定価三九六〇円

戦争の文化 上・下
——パールハーバー・ヒロシマ・9・11・イラク
ジョン・W・ダワー
三浦陽一 監訳
田代泰子
藤本博
三浦俊章 訳
四六判 上三九八頁 下三七八頁
定価各三〇八〇円

東京裁判研究
——何が裁かれ、何が遺されたのか
宇田川幸大
A5判二八六頁
定価五六一〇円

岩波書店刊

定価は消費税10%込です
2024年10月現在

高橋秀寿
1957年生まれ．立命館大学大学院文学研究科博士課程後期単位取得退学．文学博士．立命館大学文学部特任教授．専門はドイツ現代史・現代社会論．著書に『再帰化する近代——ドイツ現代史試論』(国際書院，1997年)，『ホロコーストと戦後ドイツ——表象・物語・主体』(岩波書店，2017年)，『時間／空間の戦後ドイツ史——いかに「ひとつの国民」は形成されたのか』(ミネルヴァ書房，2018年)，『反ユダヤ主義と「過去の克服」——戦後ドイツ国民はユダヤ人とどう向き合ったのか』(人文書院，2023年)など．

転換する戦時暴力の記憶
戦後ドイツと〈想起の政治学〉

2024年10月29日　第1刷発行

著　者　高橋秀寿《たかはしひでとし》

発行者　坂本政謙

発行所　株式会社　岩波書店
〒101-8002　東京都千代田区一ツ橋2-5-5
電話案内　03-5210-4000
https://www.iwanami.co.jp/

印刷・精興社　製本・牧製本

ISBN 978-4-00-024069-7　　Printed in Japan

人名索引

ア 行

カ 行

サ 行

タ 行

ナ 行

ハ 行

マ 行

ヤ 行

ラ 行

ワ 行

事項索引

注

序 章

(1) ハンナ・アーレント(山田正行訳)『暴力について』みすず書房, 2000年, 97頁.
(2) ジョン・W. ダワー(田中利幸訳)『アメリカ　暴力の世紀——第二次大戦以降の戦争とテロ』岩波書店, 2017年, 1頁.
(3) ハンナ・アーレント(志水速雄訳)『革命について』ちくま学芸文庫, 1995年, 21-24頁.
(4) 2018年のTBSによるドラマでは「暴力」の言葉も, 日本のコロニアルな暴力を暗示していた太極旗も消えてしまっている.
(5) Walter Benjamin, *Sprache und Geschichte. Philosophische Essays,* Stuttgart 1992, S. 105 ff. ヴァルター・ベンヤミン(野村修編訳)『暴力批判論　他十篇』岩波文庫, 1994年も参照した.
(6) Ibid., S. 114.
(7) Ibid., S. 127.
(8) Gustav Radbruch, Gesetzliches Unrecht und übergesetzliches Recht, in: *Süddeutsche Juristenzeitung* 1946. グスタフ・ラートブルフ：法哲学入門(1948年)(下)上田健二訳『同志社法学』60巻5号, 2008年, 48-49頁.
(9) こうの史代・西島大介「対談 片隅より愛をこめて」『ユリイカ』2016年11月号, 33頁.
(10) ジャック・デリダ(堅田研一訳)『法の力』法政大学出版局, 1999年, 83頁. 以下においても, キイ概念の訳語の統一などのために, 訳を変えている.
(11) 同上, 120頁.
(12) 仲正昌樹の訳語を使用した. 同「〈暴力＝権力〉に憑きまとう亡霊の正体？——ベンヤミン＝デリダの法哲学とポスト・モダンの〈正義〉」『デリダを読む』情況出版, 2000年, 260頁.
(13) ジャック・デリダ(廣瀬浩司／林好雄訳)『死を与える』ちくま学芸文庫, 2004年, 231-236頁.
(14) フリードリヒ・ニーチェ(中山元訳)『道徳の系譜学』光文社, 2009年の「第二論文」を参照.
(15) 同上, 105-106頁.
(16) スラヴォイ・ジジェク(中山徹訳)『暴力——6つの斜めからの省察』青土社, 2010年.

第1章

(1) Elisabeth Noelle-Neumann / Edgar Piel (Hg.), *Allensbacher Jahrbuch der Demoskopie 1978–1983*, Band 8, 1983, S. 187.

(2) Elisabeth Noelle / Erich Peter Neumann (Hg.), *Jahrbuch der öffentlichen Meinung 1947–1955*, Band 1, 1956, S. 125.

(3) Heinz Boberach, Stimmungsumschwung in der deutschen Bevölkerung, in: Wolfram Wette / Gerd R. Ueberschär (Hg.), *Stalingrad. Mythos und Wirklichkeit einer Schlacht*, Frankfurt am Main 1992. S. 64. スターリングラード戦の記憶に関しては Norbert Frei, „Stalingrad“ im Gedächtnis der (West-) Deutschen, in: Peter Jahn (Hg.), *Stalingrad erinnern. Stalingrad im deutschen und im russischen Gedächtnis*, Berlin 2003 を参照.

(4) Saul K. Padover, *Experiment in Germany. The Story of an American Intelligence Officer*, New York 1946, P. 117.

(5) Hilde Thurnwald, *Gegenwartsprobleme Berliner Familien. Eine soziologische Untersuchung an 498 Familien*, Berlin 1948, S. 154.

(6) Hans Joachim Schröder, *Die gestohlenen Jahre. Erzählgeschichten und Geschichtserzählung im Interview. Der Zweite Weltkrieg aus der Sicht ehemaliger Mannschaftssoldaten*, Tübingen 1992, S. 909 f.

(7) Elisabeth Noelle / Erich Peter Neumann (Hg.), *Jahrbuch der öffentlichen Meinung 1957*, Band 2, 1957, S. 309, 310.

(8) Ibid., S. 11.

(9) Ibid., S. 309.

(10) Schröder, *Die gestohlenen Jahre*, S. 412 u. 499.

(11) Noelle / Neumann (Hg.), *Jahrbuch der öffentlichen Meinung 1947–1955*, Band 1, S. 355.

(12) 「犠牲(者)」の意味の二重性とそれに基づく歴史的体験の解釈に関しては次の Thomas Kühne の論考を参照. Thomas Kühne, Der Soldat, in: Ute Frevert / Heinz-Gerhard Haupt (Hg.), *Der Mensch des 20. Jahrhunderts*, Frankfurt am Main / New York 1999. Thomas Kühne, Die Viktimisierungsfalle. Wehrmachtsverbrechen, Geschichtswissenschaft und symbolische Ordnung des Militärs, in: Michael Th. Greven / Oliver von Wrochem (Hg.), *Der Krieg in der Nachkriegszeit. Der Zweite Weltkrieg in Politik und Gesellschaft der Bundesrepublik*, Opladen 2000. Thomas Kühne / Benjamin Ziemann, Militärgeschichte in der Erweiterung. Konjunkturen, Interpretationen, Konzepte, in: dies. (Hg.), *Was ist Militärgeschichte?* Paderborn / München / Wien / Zürich / Schöningh 2000. Thomas Kühne, Zwischen Vernichtungskrieg und Freizeitgesellschaft, in: Klaus Naumann (Hg.), *Nachkrieg in Deutschland*,

Hamburg 2001.

(13) 以下，拙著『時間／空間の戦後ドイツ史――いかに「ひとつの国民」は形成されたのか』ミネルヴァ書房，2018年，第1章の3「「終戦」と「戦後」の時間構造」を参照.

(14) 50年代における戦争映画に関しては，Bärbel Westermann, *Nationale Identität im Spielfilm der fünfziger Jahre.* Frankfurt am Main, 1990の第2章, Peter Reichel, *Erfundene Erinnerung. Weltkrieg und Judenmord in Film und Theater,* München / Wien 2004の第1部 „Kriegsbilder der Nachkriegszeit" を参照. さらには Militär und Krieg: "08/15," in: Werner Faulstich / Helmut Korte (Hg.), *Fischer Filmgeschichte, Bd. 3: Auf der Suche nach Werten. 1945–1960.* Frankfurt/M. 1990. Robert Moeller, Victims in Uniform: West German Combat Movies from the 1950s, in: Bill Niven (ed.), *Germans as Victims. Remembering the Past in Contemporary Germany,* Basingstoke 2006.

(15) Vgl., Insa Eschebach, ›Das Opfer deutscher Männer‹—Zur Funktion des Opferbegriffs in der Rezeptionsgeschichte der Schlacht um Stalingrad, in: *Sozialwissenschaftliche Informationen,* 22 (1993), H. 1. さらに Wette / Ueberschär (Hg.), *Stalingrad.*

(16) Michael Kumpfmüller, *Die Schlacht von Stalingrad. Metamorphosen eines deutschen Mythos,* München 1995, S. 199–261.

(17) この演説に関しては，Rolf Günter Renner, Hirn und Herz. Stalingrad als Gegenstand ideologischer und literarischer Diskurse, in: Jürgen Förster (Hg.), *Stalingrad. Ereignis-Wirkung-Symbol,* München 1992.

(18) この概念と「神話」については，守屋純『国防軍潔白神話の生成』錦正社，2009年を参照.

(19) Noelle / Neumann (Hg.), *Jahrbuch der öffentlichen Meinung 1947–1955,* Band 1, S. 202.

(20) Ibid., S. 138.

(21) Vgl., Jörg Echternkamp, Arbeit am Mythos. Soldatengenerationen der Wehrmacht im Urteil der west- und ostdeutschen Nachkriegsgesellschaft, in: Naumann (Hg.), *Nachkrieg in Deutschland.*

(22) このドラマに関しては，Lars Koch, Das Fernsehbild der Wehrmacht am Ende der fünfziger Jahre. Zu Fritz Umgelters Fernsehmehrteiler *Am grünen Strand der Spree,* in: Waltraud ›Wara‹ Wende (Hg.), *Der Holocaust im Film. Mediale Inszenierung und kulturelles Gedächtnis,* Heidelberg 2007.

(23) Manfred Messerschmidt / Fritz Wüllner, *Die Wehrmachtjustiz im Dienste des Nationalsozialismus. Zerstörung einer Legende,* Baden-Baden 1987, S. 91.

(24) Manfred Messerschmidt, Deserteure im Zweiten Weltkrieg, in: Wolfram Wette (Hg.), *Deserteure der Wehrmacht. Feiglinge-Opfer-Hoffnungsträger?*

Essen 1995, S. 61.

(25) Zit., Detlef Garbe, Im Namen des Volkes?! Die rechtlichen Grundlagen der Militärjustiz im NS-Staat und ihre „Bewältigung“ nach 1945, in: Fietje Ausländer (Hg.), *Verräter oder Vorbilder? Deserteure und ungehorsame Soldaten im Nationalsozialismus,* Bremen 1990, S. 101.

(26) Messerschmidt / Wüllner, *Die Wehrmachtjustiz im Dienste des Nationalsozialismus,* S. 133.

(27) Detlef Garbe, *Zwischen Widerstand und Martyrium. Die Zeugen Jehovas im „Dritten Reich,“* München 1997, S. 367, 394, 396 f., 488. Falk Bersch, *Aberkannt! Die Verfolgung von Jehovas Zeugen im Nationalsozialismus und in der SBZ/DDR,* Berlin 2017, S. 29–36.

(28) バウマンを中心に脱走兵問題を論じているので,以下もこの人物に関しては對馬達雄『ヒトラーの脱走兵』中公新書,2020 年を参照.

(29) Fahnenflucht im Zweiten Weltkrieg. Verdienen die Deserteure von damals heute unsere Anerkennung? in: Wette (Hg.), *Deserteure der Wehrmacht,* S. 293.

(30) Aus der Rechtsprechung, in: Deutsche Richterzeitung, 42 (1964), S. 313. Vgl., Bersch, *Aberkannt!* S. 138 f.

(31) Vgl., Marco Dräger, *Denkmäler für Deserteure. Ein Überblick über ihren Einzug in die Erinnerungskultur,* Wiesbaden 2018.

(32) 對馬『ヒトラーの脱走兵』94–95 頁も参照.

(33) Jan Korte / Dominic Heilig (Hg.), *Kriegsverrat. Vergangenheitspolitik in Deutschland. Analysen, Kommentare und Dokumente einer Debatte,* Berlin 2001, S. 28.

(34) Fahnenflucht im Zweiten Weltkrieg, S. 310 f.

(35) Noelle / Neumann (Hg.), *Jahrbuch der öffentlichen Meinung 1947–1955,* Band 1, S. 377.

(36) Ibid., S. 355.

(37) Garbe, Im Namen des Volkes?! S. 119 ff.

(38) Gustav Radbruch, Gesetzliches Unrecht und übergesetzliches Recht. グスタフ・ラートブルフ:法哲学入門,48–49 頁.

(39) Aus der Rechtsprechung, S. 315.

(40) Ibid., S. 313 f.

(41) Ibid., S. 314 f.

(42) Ibid., S. 315.

(43) Gabriele Rosenthal (Hg.), *„Als der Krieg kam, hatte ich mit Hitler nichts mehr zu tun.“ Zur Gegenwärtigkeit des „Dritten Reiches“ in Biographien,* Opladen 1990, S. 223–240.

第２章

（1） Schröder, *Die gestohlenen Jahre,* S. 744.

（2） Winfried G. Sebald, *Luftkrieg und Literatur,* München 1999, S. 18.（鈴木仁子訳『空襲と文学』白水社，2008 年，17 頁）

（3） Stephan Burgdorff / Christian Habbe（Hg.）, *SPIEGEL Special, Als Feuer vom Himmel fiel. Der Bombenkrieg gegen die Deutschen,* Hamburg 2003, S. 3.

（4） *Der Spiegel* vom 15. 12. 2005, S. 77.

（5） Sebald, *Luftkrieg und Literatur,* S. 15.（邦訳 15 頁）

（6） Burgdorff / Habbe（Hg.）, *SPIEGEL Special,* S. 3.

（7） Ibid.

（8） ›ACTION GOMORRAH‹. Gedanken zum 50. Jahrestag des großen Bombenangriff auf Hamburg, in: Horst-Eberhard Richter, *Wer nicht leiden will, muß hassen,* Hamburg 1995, S. 64.

（9） Für die Opfer Hamburgs, in: *Frankfurter Allgemeine Zeitung (=FAZ)* vom 18. 8. 1952. Malte Thießen, *Eingebrannt ins Gedächtnis. Hamburgs Gedenken an Luftkrieg und Kriegsende 1943 bis 2005,* Hamburg 2007, S. 147 f. Malte Thießen, Gedenken an „Operation Gomorrha." Zur Erinnerungskultur des Bombenkriegs von 1945 bis heute, in: *Zeitschrift für Geschichtswissenschaft,* 53. Jg. H. 1, 2005, S. 49.

（10） Thießen, Eingebrannt ins Gedächtnis, S. 148.

（11） 筆者撮影．以下の写真で注において出典を明記していないものは，すべて筆者撮影．

（12） Vgl., Beate Manske, Auftrag und Botschaft. Mahnmale von Gerhard Marcks, in: Martina Rudloff（Hg.）, *Gerhard Marcks 1889–1981. Retrospektive,* Hirmer, München 1989. Gilad Margalit, Dresden and Hamburg—Official Memory and Commemoration of the Victims of Allied Air Raids in the two Germanies, in: Helmut Schmitz,（ed.）, *A Nation of Victims? Representations of German Wartime Suffering from 1945 to the Present,* Amsterdam / New York 2007.

（13） Vgl., Margalit, Dresden and Hamburg. ドレスデン空襲とその象徴性に関しては，Gerd R. Ueberschär, Dresden 1945—Symbol für Luftkriegsverbrechen, in: Wolfram Wette / Gerd R. Ueberschär（Hg.）, *Kriegsverbrechen im 20. Jahrhundert,* Darmstadt 2001.

（14） Vgl., Norbert Frei, *Vergangenheitspolitik. Die Anfänge der Bundesrepublik und die NS-Vergangenheit,* München, 1996, S. 283.

（15） Anna J. Merritt / Richard L. Merritt（eds.）, *Public opinion in semisovereign Germany: the HICOG surveys, 1949–1955,* Urbana, 1980, Report No.

167.

(16) Noelle / Neumann (Hg.), *Jahrbuch der öffentlichen Meinung 1947–1955,* Band 1, S. 276.

(17) Thießen, *Eingebrannt ins Gedächtnis,* S. 148 ff. Thießen, Gedenken an „Operation Gomorrha," S. 49 f.

(18) Thießen, *Eingebrannt ins Gedächtnis,* S. 151 f. Thießen, Gedenken an „Operation Gomorrha," S. 50 f.

(19) Frank Bajohr, Hamburg—Der Zerfall der ›Volksgemeinschaft‹, in: Ulrich Herbert / Axel Schildt (Hg.), *Kriegsende in Europa. Vom Beginn des deutschen Machtzerfalls bis zur Stabilisierung der Nachkriegsordnung 1944–1948,* Essen 1998, S. 319 f. u. S. 333.

(20) Hamburg im Bombenhagel, in: *Süddeutsche Zeitung (=SZ)* vom 24. 7. 1963.

(21) Ulrich Lamparter / Linde Apel / Christa Holstein / Malte Thießen / Dorothee Wierling / Silke Wiegand-Grefe, Zeitzeugen des Hamburger ›Feuersturms‹ und ihre Familien. Ein interdisziplinäres Forschungsprojekt zur transgenerationalen Weitergabe traumatischer Kriegserfahrungen, in: Hartmut Radebold / Werner Bohleber / Jürgen Zinnecker (Hg.), *Transgenerationale Weitergabe kriegsbelasteter Kindheiten. Interdisziplinäre Studien zur Nachhaltigkeit historischer Erfahrungen über vier Generationen,* Weinheim 2009, S. 234. Malte Thießen, Zeitzeuge und Erinnerungskultur. Zum Verhältnis von privaten und öffentlichen Erzählungen des Luftkriegs, in: Lu Seegers / Jürgen Reulecke (Hg.), *Die ›Generation der Kriegskinder‹. Historische Hintergründe und Deutungen,* Gießen 2009, S. 170.

(22) Malte Thießen, Der ›Feuersturm‹ im kommunikativen Gedächtnis. Tradierung und Transformation des Luftkriegs als Lebens- und Familiengeschichte, in: Jörg Arnold / Dietmar Süß / Malte Thießen (Hg.), *Luftkrieg. Erinnerungen in Deutschland und Europa,* Göttingen 2009, S. 314 f.

(23) http://sites-of-memory.de/images/dortmundworldwars26.JPG (最終閲覧 2024 年 9 月 8 日)

(24) 柳原伸洋「空襲記憶に見る越境的な想起文化——ギルヒング空襲記念碑を手がかりに」水野博子／川喜田敦子編『ドイツ国民の境界　近現代史の時空から』山川出版社, 2023 年, 276 頁を参照.

(25) 柳原伸洋「空襲認識をめぐる諸問題——ドイツ・ドレスデンを例に」『戦争責任研究』59 号, 2008 年, 53 頁.

(26) Dresdener gedachten ihrer Heimat. Franz Blücher sprach zum zehnten Jahrestag der Zerstörung, in: *Frankfurter Rundschau (=FR)* vom 14. 2. 1955. Dresden—die verschwundene Stadt. Uraufführung im Frankfurter Filmpalast,

in: *FR* vom 15. 2. 1955. 西ドイツにおけるドレスデン空襲の記憶に関しては, Gilad Margalit, Der Luftangriff auf Dresden. Seine Bedeutung für die Erinnerungspolitik der DDR und für die Herauskristallisierung einer historischen Kriegserinnerung im Westen, in: Susanne Düwell / Mathias Schmidt (Hg.), *Narrative der Shoah. Repräsentationen der Vergangenheit in Historiographie, Kunst und Politik,* Paderborn u.a. 2002.

(27) Margret Hofmann, Als Dresden in Trümmer sank, in: *Die Zeit* vom 25. 9. 1964.

(28) Sodom in Sachsen, in: *Der Spiegel* vom 19. 6. 1963, S. 37.

(29) Wolf Schneider, Warum mußte Dresden sterben? Zum 20. Jahrestag des Infernos vom 13. Februar 1945, in: *SZ* vom 12. 2. 1965.

(30) Der Angriff auf Dresden. David Irving rückt von seinen Zahlen ab / Kein Vergleich mit Hiroshima, in: *FAZ* vom 8. 7. 1966. Historiker Irving korrigierte sich. Von der Zahl der Toten im Buch „Die Zerstörung Dresdens“ abrückt, in: *FR* vom 8. 7. 1966.

(31) Thießen, *Eingebrannt ins Gedächtnis,* S. 269. Thießen, Zeitzeuge und Erinnerungskultur, S. 169.

(32) Thießen, *Eingebrannt ins Gedächtnis,* S. 272.

(33) Ibid., S. 331.

(34) Thomas W. Neumann, Der Bombenkrieg. Zur ungeschriebenen Geschichte einer kollektiven Verletzung, in: Naumann (Hg.), *Nachkrieg in Deutschland,* S. 330.

(35) Volker Ullrich, Ach, wie wir gelitten haben, in: *Die Zeit* vom 18. 12. 2002.

第 3 章

(1) 拙著『ホロコーストと戦後ドイツ』岩波書店, 2017 年, 104–108 頁.

(2) https://www.infosperber.ch/politik/welt/foto-vom-lager-trnopolje-zeigt-opfer-wahrer-graeueltaten/（最終閲覧 2024 年 9 月 8 日）

(3) Alan E. Steinweis, The Auschwitz Analogy. Holocaust Memory and American Debates over Intervention in Bosnia and Kosovo in the 1990s, in: *Holocaust and Genocide Studies* 19/2, 2005.

(4) https://1997-2001.state.gov/www/policy_remarks/1999/990513_clinton_kosovo.html（最終閲覧 2024 年 9 月 8 日）

(5) Auszüge aus der Fischer-Rede, in: *Spiegel-online* vom 13. 5. 1999.

(6) Vgl., Jacob S. Eder, Holocaust Memory in a Globalizing World: Introduction, in: Jacob S. Eder / Philipp Gassert / Alan E. Steinweis (eds.), *Holocaust Memory in a globalizing World,* Göttingen 2017, pp. 19–20.

(7) 武井彩佳『〈和解〉のリアルポリティクス　ドイツ人とユダヤ人』みすず書房，2017 年，223-224 頁．

(8) https://www.holocaustremembrance.com/resources/stockholm-declaration (最終閲覧 2024 年 9 月 8 日)

(9) ホロコーストの記憶のグローバル化，普遍化，コスモポリタン化に関しては以下を参照．Daniel Levy / Natan Sznaider, *Erinnerung im globalen Zeitalter. Der Holocaust,* Frankfurt am Main 2001. Jan Eckel / Claudia Moisel (Hg.), *Universalisierung des Holocaust? Erinnerungskultur und Geschichtspolitik in internationaler Perspektive,* Göttingen 2008. Eder / Gassert / Steinweis (eds.), *Holocaust Memory in a globalizing World.*

(10) Amos Goldberg, Ethics, Identity, and Antifundamental Fundamentalism. Holocaust Memory in the Global Age (a Cultural-Political Introduction), in: Haim Hazan / Amos Goldberg (Hg.), *Marking Evil: The Dialectic of Globalizing the Holocaust,* New York 2013, p. 21.

(11) Alon Confino, The Holocaust as a Symbolic Manual: The French Revolution, the Holocaust, and Global Memories, in: Hazan / Goldberg (Hg.), *Marking Evil.* Alon Confino, Between the French Revolution and the Holocaust. Events That Represent an Age, in: Alon Confino, *Foundational Pasts. The Holocaust as Historical Understanding,* New York 2012.

(12) Vgl., Reinhart Koselleck / Christian Meier / Odilo Engels / Horst Günther, Geschichte, Historie, in: Otto Brunner / Werner Conze / Reinhart Koselleck (Hg.), *Geschichtliche Grundbegriffe. Historisches Lexikon zur politisch-sozialen Sprache in Deutschland* 2, 1975, S. 593-717.

(13) ヘーゲル(長谷川宏訳)『歴史哲学講義(上)』岩波文庫，1994 年，42 頁．

(14) ヘーゲルのフランス革命観に関してはヨアヒム・リッター(出口純夫訳)『ヘーゲルとフランス革命』理想社，1966 年．

(15) ブルジョア革命論に関しては以下を参照．松浦義弘「フランス革命史研究の現状」山﨑耕一／松浦義弘編『フランス革命史の現在』山川出版社，2013 年．さらに柴田三千雄『フランス革命』岩波書店，1989 年も参照．

(16) 河野健二『フランス革命と明治維新』NHK ブックス，1966 年を参照．

(17) エドマンド・バーク(二木麻里訳)『フランス革命についての省察』光文社文庫，2020 年．宇野重規『保守主義とは何か　反フランス革命から現代日本まで』中公新書，2016 年．

(18) ヴァルター・ベンヤミン(浅井健二郎編訳)「歴史の概念について」『ベンヤミン・コレクション 1　近代の意味』ちくま学芸文庫，1995 年，645-665 頁．柿木伸之『断絶からの歴史――ベンヤミンの歴史哲学』月曜社，2021 年も参照．

(19) Aleida Assmann, The Holocaust—a Global Memory? Extensions and

Limits of a New Memory Community, in: Aleida Assmann / Sebastian Conrad (eds.), *Memory in a Global Age. Discourses, Practices and Trajectories*, Houndmills 2010, p. 114.

(20) Heiner Lichtenstein / Michael Schmid-Ospach (Hg.), *Holocaust. Briefe an den WDR*, Wuppertal 1982, S. 31.

(21) 拙著『ホロコーストと戦後ドイツ』160–163, 188–205 頁.

第 4 章

(1) Zit., Wolfram Wette, Das Massensterben als ›Heldenepos‹. Stalingrad in der NS-Propaganda, in: Wolfram Wette / Gerd R. Ueberschär (Hg.), *Stalingrad. Mythos und Wirklichkeit einer Schlacht*, 3. Aufl., Frankfurt am Main 2013, S. 54.

(2) Ibid., S. 56.

(3) https://www.alamy.de/stockfoto-stalingrad-denkmal-von-kinkeldey-36993962.html (最終閲覧 2024 年 9 月 8 日)

(4) 1981 年に公開され，世界的なヒットとなった W・ペーターゼン監督の映画『U・ボート』もドイツの戦争の記憶にとって重要な作品であるが，この映画に関しては稿を改めて論じることにする.

(5) *FR* vom 2. 2. 1979, *SZ* vom 2. 2. 1979.

(6) ちなみに，2005 年にはホロコーストをテーマにした映画『最終列車』を製作しているが，その登場人物はベルリンからアウシュヴィッツへ家畜用貨車で移送されるユダヤ系ドイツ人である．08 年にはドイツ人避難民の運命を描いた『グストロフ号』(邦題は『シップ・オブ・ノーリターン～グストロフ号の悲劇～』)をテレビ映画として製作している.

(7) Andreas Obst, Männer, die in Stiefeln Sterben, in: *FAZ* vom 21. 3. 1993.

(8) 新衛兵所とそこにおける儀礼の歴史に関しては，Christoph Stölzl (Hg.), *Die Neue Wache unter den Linden*, Berlin 1993. Alexandra Kaiser, *Von Helden und Opfern. Eine Geschichte des Volkstrauertags*, Frankfurt am Main 2010. 松本彰『記念碑に刻まれたドイツ　戦争・革命・統一』東京大学出版会，2012 年，21–22, 115, 197, 234–237 頁.

(9) Urs Jenny, Friese Fratze, in: *Der Spiegel* vom 4. 1. 1993, S. 127.

(10) Hamburger Institut für Sozialforschung (Hg.), *Vernichtungskrieg. Verbrechen der Wehrmacht 1941 bis 1944. Ausstellungskatalog*, Hamburg 1996.

(11) この展示会に関する邦語文献として，木戸衛一「ドイツにおける「国防軍論争」」『季刊　戦争責任研究』第 18 号，1997 年冬号．中田潤「国防軍の犯罪と戦後ドイツの歴史認識」『茨城大学人文学部紀要　社会科学論集』第 35 号，2001 年．この展示会とそれをめぐる政治・社会的論争・紛争の経緯に関しては以下も参照．Elke Grittmann / Monika Pater, Wider die Erin-

nerung. Der mediale Diskurs um die Ausstellung „Vernichtungskrieg,“ in: Michael Th. Greven / Oliver von Wrochem (Hg.), *Der Krieg in der Nachkriegszeit. Der Zweite Weltkrieg in Politik und Gesellschaft der Bundesrepublik,* Opladen 2000. Hannes Heer, Von der Schwierigkeit, einen Krieg zu Beenden. Reaktionen auf die Ausstellung „Vernichtungskrieg. Verbrechen der Wehrmacht 1941 bis 1944,“ in: *Zeitschrift für Geschichtswissenschaft,* 45. Jg., 1997. Johannes Klotz, Die Ausstellung ›Vernichtungskrieg. Verbrechen der Wehrmacht 1941 bis 1944‹. Zwischen Geschichtswissenschaft und Geschichtspolitik, in: Detlef Bald / Johannes Klotz / Wolfram Wette, *Mythos Wehrmacht. Nachkriegsdebatten und Traditionspflege,* Berlin 2001. Hans-Ulrich Thamer, Vom Tabubruch zur Historisierung? Die Auseinandersetzung um die ‹Wehrmachtsausstellung›, in: Martin Sabrow / Ralph Jessen / Klaus Große Kracht (Hg.), *Zeitgeschichte als Streitgeschichte: große Kontroversen nach 1945,* München 2003. Bogdan Musiał, Der Bildersturm. Aufstieg und Fall der ersten Wehrmachtsausstellung, in: *bpb.de* vom 1. 9. 2011. http://www.bpb.de/geschichte/zeitgeschichte/deutschlandarchiv/53181/die-erste-wehrmachtsausstellung?p=all (最終閲覧 2024年9月29日)

(12) *Bilanz einer Ausstellung. Dokumentation der Kontroverse um die Ausstellung ›Vernichtungskrieg. Verbrechen der Wehrmacht 1941 bis 1944‹*. München 1998, S. 13, 107 f.

(13) Ibid., S. 122–124.

(14) Ibid., S. 133.

(15) Ibid., S. 165–169.

(16) Ibid., S. 154 f. デモの参加人数の数字は報道機関によって異なり，正確な数字は不明である.

(17) Ibid., S. 182 f.

(18) Deutscher Bundestag. *Stenographischer Bericht* 163. Sitzung vom 13. März 1997, in: Hans-Günther Thiele (Hg.), *Die Wehrmachtsausstellung. Dokumentation einer Kontroverse; Dokumentation der Fachtagung in Bremen am 26. Februar 1997 und der Bundestagsdebatten am 13. März und 24. April 1997,* Bremen 1997, S. 176 f.

(19) Ibid., S. 178 f.

(20) Bernd Greiner, Bruch-Stücke. Sechs westdeutsche Beobachtungen nebst unfertigern Deutungen, in: Hamburger Institut für Sozialforschung (Hg.), *Eine Ausstellung und ihre Folgen. Zur Rezeption der Ausstellung ›Vernichtungskrieg. Verbrechen der Wehrmacht 1941 bis 1944‹*, Hamburg 1999, S. 64 f.

(21) *Die Welt* vom 5. 6. 1999.

(22) Bogdan Musiał, Bilder einer Ausstellung. Kritische Anmerkungen zur

Wanderausstellung ›Vernichtungskrieg. Verbrechen der Wehrmacht 1941 bis 1944‹, in: *Vierteljahrshefte für Zeitgeschichte* 47, 1999. Chrisztián Ungváry, Echte Bilder—problematische Aussagen. Eine quantitative und qualitative Fotoanalyse der Ausstellung „Vernichtungskrieg. Verbrechen der Wehrmacht 1941–1944," in: *Geschichte in Wissenschaft und Unterricht,* H. 10, 1999.

(23) Omer Bartov, u.a. *Bericht der Kommission zur Überprüfung der Ausstellung „Vernichtungskrieg. Verbrechen der Wehrmacht 1941 bis 1944,"* Hamburg 2000, S. 91 f.

(24) 第二の国防軍展と第一との相違に関しては, Ulrike Jureit, „Zeigen heißt verschweigen." Die Ausstellungen über die Verbrechen der Wehrmacht, in: *Mittelweg* 36, 13. Jg., H. 1, 2004. Alexander Pollak, Die Historisierung eines Tabubruchs. Von der umstrittenen Entmythologisierung des Bilds der ›sauberen Wehrmacht‹ zur versachlichten Dokumentation des Vernichtungskrieges: ein Vergleich der beiden Wehrmachtsausstellungen, in: *Zeitgeschichte* 29. Jg., H. 2, 2002.

(25) Volker Ullrich, Von strenger Sachlichkeit, in: *Die Zeit* vom 6. 12. 2001.

(26) Michael Jeismann, Einführung in die neue Weltbrutalität. Zweimal ‹Verbrechen der Wehrmacht›: Von der alten zur neuen Bundesrepublik, in: Sabrow / Jessen / Krach (Hg.), *Zeitgeschichte als Streitgeschichte.*

(27) Volker Ullrich, Nichts Neues im Fotostreit, in: *Die Zeit* vom 21. 10. 1999. Ders., Von Bildern und Legenden. Der neue Streit um die Wehrmachtsausstellung zeigt, wie sorgfältig mit Fotodokumenten gearbeitet werden muss, in: *Die Zeit* vom 28. 10. 1999.

(28) Hamburger Institut für Sozialforschung (Hg.), *Krieg ist ein Gesellschaftszustand. Reden zur Eröffnung der Ausstellung ›Vernichtungskrieg. Verbrechen der Wehrmacht 1941 bis 1944‹*, Hamburg 1998, S. 10.

(29) *Bilanz einer Ausstellung,* S. 240, 241.

(30) Gabriele Rosenthal, Vom Krieg erzählen, von den Verbrechen schweigen, in: Hannes Heer / Klaus Naumann (Hg.), *Vernichtungskrieg. Verbrechen der Wehrmacht 1941–1944,* Hamburg 1995. Helmut Lethen, Der Text der Historiographie und der Wunsch nach einer physikalischen Spur. Das Problem der Photographie in den beiden Wehrmachtsausstellungen, in: *Zeitgeschichte* 29. Jg., H. 2, 2002. Walter Manoschek, ›Vernichtungskrieg. Verbrechen der Wehrmacht 1941 bis 1944.‹ Innenansichten einer Ausstellung, in: *Zeitgeschichte* 29. Jg., H. 2, 2002.

(31) Hamburger Institut für Sozialforschung (Hg.), *Vernichtungskrieg,* S. 119.

(32) Ibid., S. 191.

(33) Petra Bopp, ›Wo sind die Augenzeugen, wo ihre Fotos?‹ in: Hamburger

Institut für Sozialforschung (Hg.), *Eine Ausstellung und ihre Folgen,* S. 200.

(34) Ibid., S. 208.

(35) *Bilanz einer Ausstellung,* S. 229.

(36) Ibid., S. 195 f.

(37) Hamburger Institut für Sozialforschung (Hg.), *Vernichtungskrieg,* S. 189.

(38) Heer, Von der Schwierigkeit, einem Krieg zu Beenden, S. 1091.

(39) Hamburger Institut für Sozialforschung (Hg.), *Vernichtungskrieg,* S. 30.

(40) *Der Spiegel* vom 10. 3. 1997.

(41) *Die Zeit* vom 2. 1. 1997.

(42) „Die Wucht der Bilder," in: *Der Spiegel* vom 19. 7. 1999, S. 49.

(43) Vgl., Walter Manoschek, Beweisaufnahmen. Pančevo, 22. April 1941, in: Hamburger Institut für Sozialforschung (Hg.), *Eine Ausstellung und ihre Folgen.* Rudolf Augstein, Anschlag auf die „Ehre" des deutschen Soldaten? in: *Der Spiegel* vom 10. 3. 1997.

(44) Es ist nie zu Ende, in: *Die Zeit* vom 22. 1. 2004.

(45) Deutschstunde, in: *Die Zeit* vom 23. 3. 2015.

(46) Ute Frevert, Öffentliche Kommemoration und individuelle Erinnerung vor dem Generationsbruch, in: A. Assmann / U. Frevert: *Geschichtsvergessenheit - Geschichtsversessenheit. Vom Umgang mit deutschen Vergangenheiten nach 1945,* Stuttgart 1999, S. 280.

(47) Ibid., S. 281.

(48) Winfried Vogel, Die Wehrmacht ist kein Vorbild, in: *Die Zeit* vom 1. 12. 1995.

(49) Deutscher Bundestag. *Stenographischer Bericht* 163, S. 195 f.

(50) *Bilanz einer Ausstellung,* S. 229.

(51) Ibid., S. 230.

(52) Ibid., S. 231.

(53) Ibid., S. 231.

(54) Johannes Heer, Die letzte Schlacht der alten Soldaten. Wie die Ausstellung über den „Vernichtungskrieg" der Wehrmacht in den 90er Jahren das Land spaltete, in: *Die Zeit* vom 25. 6. 2009.

(55) Vor 20 Jahren: Eine Ausstellung über Verbrechen der Wehrmacht polarisiert Deutschland, in: *bpb.de* vom 10. 3. 2017. http://www.bpb.de/politik/hintergrund-aktuell/244026/wehrmachtsausstellung (最終閲覧 2024 年 9 月 8 日)

(56) Deutscher Bundestag. *Stenographischer Bericht* 163, S. 179–182.

(57) Ibid., S. 191–193.

(58) Ibid., S. 190 f.

(59) Ibid., S. S. 202–204.
(60) Ibid., S. 206–208.
(61) *Krieg ist ein Gesellschaftszustand,* S. 197.
(62) Greiner, Bruch-Stücke, S. 76. Vgl., Ilka Quindeau, Erinnerung und Abwehr. Widersprüchliche Befunde zur Rezeption der Ausstellung „Vernichtungskrieg," in: Greven / von Wrochem (Hg.), *Der Krieg in der Nachkriegszeit.*
(63) Vgl., Mare Brandstetter, Die Programmatik der NPD—Vom Deutschnationalismus zum Nationalsozialismus? in: Uwe Backs / Henrik Steglich (Hg.), *Die NPD. Erfolgsbedingungen einer rechtsextremistischen Partei,* Baden-Baden 2007. Fabian Virchow, Dimensionen der ›Demonstrationspolitik‹ der extremen Rechten in der Bundesrepublik Deutschland, in: Andreas Klärner / Michael Kohlstruck (Hg.), *Moderner Rechtsextremismus in Deutschland,* Hamburg 2006.
(64) *Krieg ist ein Gesellschaftszustand,* S. 146.
(65) Greiner, Bruch-Stücke, S. 41.
(66) Musiał, Der Bildersturm.
(67) Interview mit Jan Philipp Reemtsma und Bogdan Musiał, in: *Die Welt* vom 16. 9. 2000.
(68) この映画に関しては川喜田敦子「ドイツ現代史の記述と表象――「ジェネレーション・ウォー」から考える歴史認識の越境化の諸相」剣持久木編『越境する歴史認識――ヨーロッパにおける「公共史」の試み』岩波書店，2018年．さらに，Aleida Assmann, Das Schweigen brechen—der ZDF-Dreiteiler ‹Unsere Mütter, unsere Väter›. in: Aleida Assmann, *Das neue Unbehagen an der Erinnerungskultur. Eine Intervention,* 2. Auflage, München 2016.（安川晴基訳『想起の文化――忘却から対話へ』岩波書店，2019年所収）
(69) Romain Leick, Die Wunde der Vergangenheit, in: *Der Spiegel* vom 25. 3. 2013, S. 134.
(70) Christian Buß, Glaube, Liebe, Hitler, in: *Spiegel-online* vom 13. 3. 2013.
(71) Auf Augenhöhe im Schützengraben, in: *FR* vom 16. / 17. 3. 2013.
(72) Nikolaus von Festenberg, Protokoll einer Verrohung, in: *Der Tagesspiegel* vom 17. 3. 2013. https://www.tagesspiegel.de/medien/zdf-dreiteiler-unsere-muetter-unsere-vaeter-protokoll-einer-verrohung/7939936.html（最終閲覧2024年9月8日）
(73) Eckhard Fuhr, Wie es wirklich war, in: *Welt am Sonntag* vom 17. 3. 2013. https://www.welt.de/print/wams/kultur/article114510287/Wie-es-wirklich-war.html（最終閲覧2024年9月8日）
(74) Frank Schirrmacher, Die Geschichte deutscher Albträume, in: *FAZ* vom

15. 3. 2013.

(75) Ralf Wiegand, Bleischwer, in: *SZ* vom 16. / 17. 3. 2013.

(76) Fuhr, Wie es wirklich war.

(77) Auf Augenhöhe im Schützengraben.

(78) ‹Unsere Mütter, unsere Väter› zum Schluss mit Spitzenquote, in: *FR* vom 21. 3. 2013.

(79) Nicolas Büchse / Stefan Schmitz / Matthias Weber, Weltkriegsfilm „Unsere Mütter, unsere Väter“: Das gespaltene Urteil der Historiker, in: *Stern* vom 23. 3. 2013. https://www.stern.de/kultur/tv/weltkriegsfilm--unsere-muetter--unsere-vaeter--das-gespaltene-urteil-der-historiker-3100804.html (最終閲覧 2024 年 9 月 8 日)

(80) Kia Vahland, Die Fragen der Kindeskinder, in: *SZ* vom 20. 3. 2013.

(81) Weltkrieg „Noch einmal, ganz anders,“ in: *FR* vom 21. 3. 2013.

(82) Wolfgang Michal, Wunschtraumata der Kinder, in: *FAZ* vom 22. 3. 2013.

(83) „Töten oder getötet werden,“ in: *Der Spiegel* vom 11. 3. 2013, S. 144 ff.

(84) Schirrmacher, Die Geschichte deutscher Albträume.

(85) Vereiste Vergangenheit, in: *Die Zeit* vom 14. 3. 2013.

(86) Leserbriefe, in: *FR* vom 23. / 24. 3. 2013.

(87) Es ist nie vorbei, in: *FAZ* vom 18. 3. 2013.

(88) Martin Schulz, Was die Geschichte dieses Films uns lehrt, in: *FAZ* vom 20. 3. 2013

(89) Nobert Hämmerer, Die Deutschen waren in erster Linie Oper, in: *FAZ* vom 25. 4. 2013.

(90) Ulrich Herbert, Nazis sind immer die anderen, in: *taz* vom 3. 21. 2013. http://www.taz.de/Unsere-Muetter-unsere-Vaeter/!5070893/ (最終閲覧 2024 年 9 月 8 日)

(91) Büchse / Schmitz / Weber, Weltkriegsfilm „Unsere Mütter, unsere Väter.“

(92) Hannes Heer, Der Mythos von „der sauberen Wehrmacht.“ Das Ende einer Debatte und der Beginn einer neuen, in: Stadtarchiv Karlsruhe (Hg.), *Der Zweite Weltkrieg—Last oder Chance der Erinnerung?* Karlsruhe, 2015, S. 46 ff.

(93) Christoph Classen, Unsere Nazis, unser Fernsehen, in: *Zeitgeschichte online,* April 2013. https://zeitgeschichte-online.de/film/unsere-nazis-unser-fernsehen (最終閲覧 2024 年 9 月 8 日). Vgl., Christoph Classen, Opa und Oma im Krieg. Zur Dramatisierung des Zweiten Weltkriegs im Fernsehmehrteiler „Unsere Mütter, unsere Väter,“ in: *Mittelweg* 36, 23. Jg., H. 1, 2014.

(94) Vgl., Michal, Wunschtraumata der Kinder.

(95) Wolfram Wette, Deserteure der Wehrmacht rehabilitiert. Ein exemplarischer Meinungswandel in Deutschland (1980–2002), in: *Zeitschrift für Geschichtswissenschaft* 52, Jg., H. 6, 2004, S. 508. Fritz Soergel, Zur Geschichte der lokalen Deserteurs-Initiativen in Deutschland, in: Wolfram Wette (Hg.), *Deserteure der Wehrmacht. Feiglinge - Opfer - Hoffnungsträger?* Essen 1995. Marco Dräger, *Denkmäler für Deserteure. Ein Überblick über ihren Einzug in die Erinnerungskultur*, Wiesbaden 2018.

(96) Wette, Deserteure der Wehrmacht rehabilitiert, S. 509 f.

(97) Ibid., S. 514.

(98) Ibid., S. 512. Wolfram Wette, Ein Meinungswandel in Deutschland. Opfer der NS-Militärjustiz rehabilitiert, in: ders. (Hg.), *Filbinger—eine deutsche Karriere*, Hannover 2006, S. 161.

(99) Wette, Deserteure der Wehrmacht rehabilitiert, S. 518. Wette, Ein Meinungswandel in Deutschland, S. 163.

(100) Wette (Hg.), *Deserteure der Wehrmacht*, S. 198–202.

(101) Ibid., S. 221–223, 229 f.

(102) Wolfram Wette, Kriegsverrat als Politikum—vor 1945 und danach, in: Wolfram Wette / Detlef Vogel (Hg.), *Das letzte Tabu. NS-Militärjustiz und ›Kriegsverrat‹*, Berlin 2007, S. 61. Wette, Ein Meinungswandel in Deutschland, S. 164 f. 對馬達雄『ヒトラーの脱走兵』中公新書，2020年，198–199頁．

(103) Wette, Deserteure der Wehrmacht rehabilitiert, S. 521. Wette, Ein Meinungswandel in Deutschland, S. 165 f.

(104) Wette, Deserteure der Wehrmacht rehabilitiert, S. 522. Wette, Ein Meinungswandel in Deutschland, S. 166 f.

(105) Wette, Deserteure der Wehrmacht rehabilitiert, S. 524. Wette, Kriegsverrat als Politikum, S. 60. Wette, Ein Meinungswandel in Deutschland, S. 167.

(106) この脱走兵記念碑および同所の記念碑に関しては以下を参照．Axel Schröder, Gedenkstätte für Deserteure, in: *Deutschlandfunk Kultur* vom 16. 3. 2014. https://www.deutschlandfunkkultur.de/hamburger-denkmal-debatte-gedenkstaette-fuer-deserteure.100.html（最終閲覧2024年9月8日）. Gedenken an Deserteure in der NS-Zeit, in: *Deutschlandfunk Kultur* vom 31. 8. 2015. https://www.deutschlandfunkkultur.de/hamburg-gedenken-an-deserteure-in-der-ns-zeit-100.html（最終閲覧2024年9月8日）. Landzentrake für politische Bildung Hamburg, Gedenkort für Deserteure und andere Opfer der NS-Militärjustiz zwischen Stephanplatz und Dammtor. https://www.hamburg.de/contentblob/4638846/df148f3474b55626604befac37247a9e/

data/deserteursdenkmal.pdf (最終閲覧 2024 年 9 月 8 日)

(107) 松本『記念碑に刻まれたドイツ』160-163 頁.

(108) Schröder, Gedenkstätte für Deserteure.

(109) Gedenktafel für Deserteur in der Uhlandstraße, in: *Tagesspiegel* vom 25. 4. 2015.

第 5 章

(1) Vgl., Gerhard Spörl, Der totale Krieg, in: *Die Zeit* vom 22. 7. 1983.

(2) Malte Thießen, *Eingebrannt ins Gedächtnis. Hamburgs Gedenken an Luftkrieg und Kriegsende 1943 bis 2005,* Hamburg 2007, S. 270. Ders., Gedenken an „Operation Gomorrha." Zur Erinnerungskultur des Bombenkriegs von 1945 bis heute, in: *Zeitschrift für Geschichtswissenschaft* 53, Jg., H. 1, 2005, S. 55 f.

(3) Thießen, *Eingebrannt,* S. 272.

(4) Ben Witter, Eine Stadt sollte sterben, in: *Die Zeit* vom 30. 7. 1993.

(5) Thießen, *Eingebrannt,* S. 352. Thießen, Gedenken an „Operation Gomorrha," S. 58.

(6) Tausende Bomben liegen noch im Untergrund, in: *SZ* vom 24. / 25. 7. 1993.

(7) Volker Ullrich, Weltuntergang kann nicht schlimmer sein, in: Lothar Kettenacker (Hg.), *Ein Volk von Opfern? Die neue Debatte um den Bombenkrieg 1940–45,* Berlin 2003, S. 111. さらに, Georg Diez, Der Bauch-Historiker. Jörg Friedrich hat mit dem umstrittenen Buch „Der Brand" das Leiden der Deutschen an ihrer Geschichte freigelegt. Sein Bildband „Brandstätten" provoziert nun noch heftigeren Widerspruch, in: *Der Spiegel* vom 8. 12. 2003.

(8) Jörg Friedrich, *Der Brand. Deutschland im Bombenkrieg 1940–1945,* München 2002. この著作と空襲論争に関する邦語の紹介として柳原伸洋「戦後ドイツの歴史論争に空襲論争を位置づける——「被害者の国家」の形成」『独語独文学研究年報(北海道大学ドイツ語学・文学研究会)』44 巻, 2018 年を参照.

(9) *Der Spiegel* vom 2. 12. 2002, S. 193 f. *Der Spiegel* vom 12. 5. 2003, S. 171.

(10) Ullrich, Weltuntergang kann nicht schlimmer sein, S. 111.

(11) Friedrich, *Der Brand,* S. 519.(邦訳 443 頁)

(12) 実際には, フリードリヒは『火禍』でチャーチルに一度も「戦争犯罪人」のレッテルを貼り付けていない.

(13) The Daily Telegraph, Die Deutschen nennen Churchill einen Kriegsverbrecher, in: Kettenacker (Hg.), *Ein Volk von Opfern?* S. 180 ff.

(14) Correlli Barnett, Die Bombardierung Deutschlands war kein Kriegsverbrechen, in: Kettenacker (Hg.), *Ein Volk von Opfern?* S. 176.
(15) たとえば，Hans-Ulrich Wehler, Wer Wind sät, wird Sturm ernten, in: Kettenacker (Hg.), *Ein Volk von Opfern?* S. 110 ff.
(16) この論争に関しては拙著『反ユダヤ主義と「過去の克服」』人文書院，2023年，第5章第2節を参照.
(17) Martin Walser, Bombenkrieg als Epos, in: Kettenacker (Hg.), *Ein Volk von Opfern?* S. 127.
(18) Jörg Friedrich, *Brandstätten. Der Anblick des Bombenkriegs,* Berlin 2003.
(19) Ulrich Raulff, Vom Bombenhammer erschlagen. Der Feuersturm als Bilderstrum: Jörg Friedrichs verstörende Galerie des Luftkriegs und seinen Opfer, in: *SZ* vom 18. / 19. 10. 2003.
(20) Friedrich, *Brandstätten,* S. 133 f.
(21) Ibid., S. 125.
(22) Ibid., S. 127.
(23) Ibid., S. 240.
(24) *Die Welt* vom 27. 10. 2003.
(25) 拙著『ホロコーストと戦後ドイツ』24-25頁.
(26) Vgl., Volker Zastrow, Ein Wort für das Namenlose. Der Begriff „Holocaust“ als Bezeichnung für die Vernichtung der Juden, in: *FAZ* vom 27. 1. 2005. Andreas Platthaus, Bilderstreit um Tote. Jörg Friedrichs „Brandstätten“ bieten einen anderen Skandal, in: *FAZ* vom 24. 10. 2003.
(27) Thießen, *Eingebrannt,* S. 412 ff.
(28) Vgl., Neuer Verbotsantrag verlangt, in: *Der Spiegel* vom 24. 1. 2005. Achatz von Müller, Passionsspiel mit Hintersinn, in: *Die Zeit* vom 3. 2. 2005. NPD-Eklat im Sächsischen Landtag, in: *FAZ* vom 22. 1. 2005.
(29) Reiner Burger, Brüllende Parlamentsfeinde, in: *FAZ* vom 25. 1. 2005.
(30) *SZ* vom 24. 1. 2005.
(31) Friedrich, *Brandstätten,* S. 100.
(32) Ibid., S. 142.
(33) Ibid., S. 143.
(34) Raulff, Vom Bombenhammer erschlagen.
(35) Nikolaus von Festenberg, Von der Couch in die Hölle, in: *Der Spiegel* vom 25. 2. 2006. 12.68 Millionen. Großer Zusehererfolg für „Dresden,“ in *FAZ* vom 7. 3. 2006. Trennkost. In Sachsen schlägt „Dresden“ alle Rekorde, die britische Presse klagt, in: *FAZ* vom 4. 3. 2006. Christopher Keil, Krieg und Frieden. Der ZDF-Zweiteiler „Dresden“—ein Melodrama mit Benjamin Sadler, das in einer Apokalypse aufgeht, in: *SZ* vom 4. / 5. 3. 2006.

(36) Evelyn Finger, Der englische Pilot. ›Dresden‹, das ZDF-Katastrophen-Rührstück über die Zerstörung der Stadt 1945, in: *Die Zeit* vom 2. 3. 2006.
(37) Vgl., Trennkost, in: *FAZ* vom 4. 3. 2006.
(38) 拙著『時間／空間の戦後ドイツ史』23–24 頁.
(39) Finger, Der englische Pilot.
(40) Eine Reise durch die Apokalypse, in: *FAZ* vom 4. 3. 2006.

第 6 章

(1) Roland Robertson, Glocalization: Time-Space and Homogeneity- Heterogeneity, in: Mike Featherstone / Scott Lash / Roland Robertson (eds.), *Global Modernities,* London 1995. ローランド・ロバートソン(阿部美哉訳)『グローバリゼーション——地球文化の社会理論』東京大学出版会, 1997 年.
(2) A. O. Scott, A History Lesson, Airbrushed, in: *The New York Times,* Jan. 14, 2014. „Fünf Stunden Selbstmitleid,“ in: *Spiegel-online* vom 15. 1. 2014.
(3) 以下, ポーランドからの批判に関しては以下を参照. „Vollkommen falsches Bild,“ in: *SZ* vom 27. 3. 2013. Halina Berger, Das Böse über die Grenze geschickt, in: *FAZ* vom 4. 4. 2013. Konrad Schuller, Über Widerstand und Antisemitismus, in: *FAZ* vom 6. 4. 2013. Konrad Schuller, Sie schonen sich nicht, in: *FAZ* vom 22. 6. 2013. Gabriele Lesser, Die haben Hochkultur, wir nur Eintopf, in: *taz* vom 24. 6. 2013. また, ポーランドの研究者からの批判に関しては, Maren Röger (Hg.), Polnische Reaktionen auf „Unsere Mütter, unsere Väter.“ Mit Text v. T. Szarota / M. Urynowicz / P. Brudek / K. Chimiak, in: *Zeitgeschichte online,* Juli 2014. https://zeitgeschichte-online.de/themen/polnische-reaktionen-auf-unsere-muetter-unsere-vaeter (最終閲覧 2024 年 9 月 29 日)
(4) Schuller, Über Widerstand und Antisemitismus.
(5) https://www.algemeiner.com/wp-content/uploads/2013/04/Merkel-Concentration-Camp.jpg (最終閲覧 2024 年 9 月 29 日)
(6) Polnisches Magazin zeigt Merkel als KZ-Insassin, in: *Spiegel-online* vom 9. 4. 2013.
(7) Polens Außenminister kritisiert deutsche Ignoranz in historischen Fragen, in: *Die Zeit* vom 25. 9. 2013.
(8) Polnischer Protest, in: *FAZ* vom 13. 4. 2013.
(9) Polnische Sichtweise, in: *FAZ* vom 19. 6. 2013.
(10) Große Kontroverse, in: *FAZ* vom 21. 6. 2013.
(11) Vgl., Krzysztof Ruchniewicz, Die historische Erinnerung in Polen, in: *Aus Politik und Zeitgeschichte* 5–6 / 2005. Adam Krzeminski, Polen, in:

Volkhard Knigge / Norbert Frei (Hg.), *Verbrechen erinnern. Die Auseinandersetzung mit Holocaust und Völkermord*, München 2002. Wolfram von Scheliha, Die List der geschichtspolitischen Vernunft. Der polnisch-russische Geschichtsdiskurs nach 1989, in: Etienne François / Kornelia Kończal / Robert Traba / Stefan Troebst (Hg.), *Geschichtspolitik in Europa seit 1989. Deutschland, Frankreich und Polen im internationalen Vergleich*, Göttingen 2013. Hans-Jürgen Bömelburg, Die Erinnerung an die deutsche Besatzung während des Zweiten Weltkrieges in Polen—Transformationen und Kontinuitäten der polnischen Erinnerungskultur 1989–2005, in: Bernd Faulenbach / Franz-Josef Jelich (Hg.), *„Transformationen" der Erinnerungskulturen in Europa nach 1989*, Essen 2006. Piotr Buras, 1945 und die Polen, in: *WeltTrends* 13. Jg. 2005.

(12) Vgl., Krzysztof Ruchniewicz, Das polnische Kriegstrauma Katyn: zwischen Instrumentalisierung durch die Kommunisten und Heroisierung der nationalen Opfer durch Polen, in: *BIOS*, Jg. 21. H. 2, 2008.

(13) Scheliha, Die List der geschichtspolitischen Vernunft, in: François / Kończal / Traba / Troebst (Hg.), *Geschichtspolitik in Europa seit 1989*, S. 228 f.

(14) Vgl., Beate Kosmala, Der Aufstand im Warschauer Getto 1943 und der Warschauer Aufstand 1944 in der Geschichtspolitik der Volksrepublik Polen—Zwischen Umdeutung, Verschweigen und Erinnerung, in: Micha Brumlik / Karol Sauerland (Hg.), *Umdeuten, verschweigen, erinnern. Die späte Aufarbeitung des Holocaust in Osteuropa*, Frankfurt am Main 2010.

(15) Lars Breuer, *Kommunikative Erinnerung in Deutschland und Polen. Täter- und Opferbilder in Gesprächen über den Zweiten Weltkrieg*, Wiesbaden 2015, S. 142.

(16) Ireneusz Krzemiński, Polish-Jewish Relations, Anti-Semitism and National Identity, in: *Polish Sociological Review* 1 (137) 2002, p. 43.

(17) Ibid., p. 45.

(18) Polens Botschafter verärgert über „Unsere Mütter, unsere Väter," in: *Die Zeit* vom 28. 3. 2013.

(19) Krzemiński, Polish-Jewish Relations, p. 47.

(20) Monika Heinemann, Das Museum des Warschauer Aufstands, in: *Zeitgeschichte online*, Juli 2014. https://zeitgeschichte-online.de/geschichtskultur/das-museum-des-warschauer-aufstands (最終閲覧 2024年9月29日). Vgl., Piotr M. Majewski, Die Musealisierung des Zweiten Weltkrieges in Polen, in: Stefan Troebst / Johanna Wolf, *Erinnern an den Zweiten Weltkrieg. Mahnmale und Museen in Mittel- und Osteuropa*, Leipzig 2011. Peter Oliver Loew, Hel-

den oder Opfer? Erinnerungskulturen in Polen nach 1989, in: *Osteuropa,* H. 6, 2008.

(21) Vgl., Stephanie Kowitz, *Jedwabne. Kollektives Gedächtnis und tabuisierte Vergangenheit,* Berlin 2004. 解良澄雄「ホロコーストと「普通の」ポーランド人――1941年7月イェドヴァブネ・ユダヤ人虐殺事件をめぐる現代ポーランドの論争」『現代史研究』第57号, 2011年.

(22) Piotr Madajczyk, Kriegserfahrungen und Kriegserinnerungen: Der Zweite Weltkrieg in Polen, in: Jörg Echternkamp / Stefan Martens (Hg.), *Der Zweite Weltkrieg in Europa. Erfahrung und Erinnerung,* Paderborn / München / Wien / Zürich 2007, S. 108.

(23) Anna Zofia Musioł, *Erinnern und Vergessen. Erinnerungskulturen im Lichte der deutschen und polnischen Vergangenheitsdebatten,* Wiesbaden 2012, S. 239 f.

(24) Ibid., S. 261 f.

(25) Madajczyk, Kriegserfahrungen und Kriegserinnerungen, S. 110.

(26) Vgl., Andrzej Zbikowski, Die Erinnerung an den Holocaust in Polen, in: Brumlik / Sauerland (Hg.), *Umdeuten, verschweigen, erinnern.*

(27) Krzemiński, Polish-Jewish Relations, S. 40.

(28) Florian Peters, Der Warschauer Aufstand in Videoclip-Ästhetik, in: *Zeitgeschichte online* vom August 2015. https://zeitgeschichte-online.de/film/der-warschauer-aufstand-videoclip-aesthetik (最終閲覧2024年9月29日)

(29) Ibid.

(30) Vgl., Breuer, *Kommunikative Erinnerung in Deutschland und Polen,* S. 143.

(31) Aleida Assmann, *Das neue Unbehagen an der Erinnerungskultur,* S. 128. (邦訳136頁)

(32) Bernd Ulrich / Heinrich Wefing, Geteilte Erinnerung. Deutschtürken und der Holocaust, in: *Die Zeit* vom 21. 1. 2010.

(33) Günther Jikeli, Perceptions of the Holocaust among Young Muslims in Berlin, Paris and London, in: Joëlle Allouche-Benayoun / Günther Jikeli, (eds.), *Perceptions of the Holocaust in Europe and Muslim Communities. Sources, Comparisons and Educational Challenges,* Dordrecht / New York 2013.

(34) Viola B. Georgi, *Entliehene Erinnerung. Geschichtsbilder junger Migranten in Deutschland,* Hamburg 2003. Vgl., ders., ›Ich kann mich für Dinge interessieren, für die sich jugendliche Deutsche auch interessieren‹. Zur Bedeutung der NS-Geschichte und des Holocaust für Jugendliche aus Einwandererfamilien, in: Viola B. Georgi / Rainer Ohlinger (Hg.), *Crossover*

Geschichte. Historisches Bewusstsein Jugendlicher in der Einwanderungsgesellschaft, Hamburg 2009. 被験者の名称はイニシャルで示すことにする.

(35) Georgi, *Entliehene Erinnerung,* S. 149–171.

(36) Ibid., S. 194–204.

(37) Ibid., S. 280–288.

(38) Ibid., S. 258–279.

(39) Ibid., S. 231–245.

終 章

(1) Blutrichter Rehse und die Rechtsbeugung. Der Freispruch für den einstigen Beisitzer Roland Freislers kommt nicht von ungefähr, in: *SZ* vom 7–8. 12. 1968. Robert Pausch, Freislers rechte Hand, in: *Die Zeit* vom 21. 6. 2017.

(2) この判決については, Pausch, Freislers rechte Hand. Blutrichter, in: *Die Zeit* vom 7. 7. 1967. Gerhard Mauz, ›Gar nichts hätte ich tun können‹. Prozeß gegen den ehemaligen NS-Richter Hans-Joachim Rehse (1967), in: ders., *Die großen Prozesse der Bundesrepublik Deutschland,* 2. Aufl. Hannover 2011.

(3) Jörg Friedrich, *Freispruch für die Nazi-Justiz. Die Urteile gegen NS-Richter seit 1948. Eine Dokumentation,* Berlin 1998, S. 591.

(4) Ibid., S. 598–632.

(5) Ibid., S. 619.

(6) Ibid., S. 612 f.

(7) Zit., Überraschenden der Freispruch für Nazi-Richter Rehse, in: *FR* vom 7. 12. 1968.

(8) Rehse von der Anklage des Mordens freigesprochen, in: *FAZ* vom 7. 12. 1968.

(9) Überraschendender Freispruch für Nazi-Richter Rehse.

(10) Gerhard Mauz, Ein Hoch auf Roland Freisler, in: *Der Spiegel* vom 9. 12. 1968, S. 82.

(11) Wolfram Wette, Der Fall Filbinger, in: Wolfram Wette (Hg.), *Filbinger-eine deutsche Karriere,* Hannover 2006. Ricarda Berthold, Filbingers Tätigkeit als Marinerichter im Zweiten Weltkrieg. Ein dokumentarischer Bericht, in: ibid.

(12) Friedrich, *Freispruch für die Nazi-Justiz,* S. 588 f.

(13) Ibid., S. 622.

(14) 辻村みよ子『憲法』第5版, 日本評論社, 2016年, 99–100頁.

(15) エスニック・性的マイノリティに対する暴力とその記憶に関しては, 別稿にて詳しく論じる予定である.

(16) Vgl., Jan Assmann, *Das kulturelle Gedächtnis: Schrift, Erinnerung und politische Identität in frühen Hochkulturen,* München 1999. 安川晴基「「記憶」と「歴史」——集合的記憶論における一つのトポス」『藝文研究』94号, 2008年.

(17) こうの史代論として,『ユリイカ』2016年11月号の特集「こうの史代」に掲載された諸論考のほかに, 川口隆行「メディアとしての漫画, 甦る原爆の記憶——こうの史代『夕凪の街 桜の国』試論」『原爆文学研究』第4号, 2005年, 浜邦彦「生き延びた者の〈恥〉——『夕凪の街・桜の国』にみる身体・言語・性」『大阪経済法科大学アジア太平洋研究センター年報』5号, 2008年, 山本昭宏『残されたものたちの戦後日本表現史』青土社, 2023年の第6章も参照. とくに, こうの史代/竹宮惠子/吉村和真『マンガノミカタ』樹村房, 2021年.